体验阅读系列◆体验青春

风中亮出年轻的旗

◎总 主 编：张忠义
◎本书主编：肖敦爽

花山文艺出版社

图书在版编目(CIP)数据

风中亮出年轻的旗:体验青春 / 肖敦爽主编.- 石家庄:花山文艺出版社，2005.4(2021.5 重印）

（"读·品·悟"体验阅读系列 / 张忠义主编）

ISBN 978-7-80673-577-0

Ⅰ.①风... Ⅱ.①肖... Ⅲ.①语文课—课外读物 Ⅳ.①G634.303

中国版本图书馆 CIP 数据核字(2005)第 020934 号

丛 书 名：体验阅读系列
总 主 编：张忠义
书 名：风中亮出年轻的旗(体验青春)
主 编：肖敦爽

策 划：张采鑫
责任编辑：于怀新
特约编辑：李文生
责任校对：李 鸥
全案设计：北京九洲鼎图书有限公司
出版发行：花山文艺出版社（邮政编码:050061）
　　　　　（河北省石家庄市友谊北大街 330 号）
销售热线：0311-88643221
传 真：0311-88643234
印 刷：永清县晔盛亚胶印有限公司
经 销：新华书店
开 本：710×1000　1/16
印 张：10
字 数：180 千字
版 次：2005 年 4 月第 1 版
　　　　2021 年 5 月第 4 次印刷
书 号：ISBN 978-7-80673-577-0
定 价：35.00 元

目 录

为青春喝彩

赵丽宏 ·· 岁月和青春(3)

洪 烛 ·· 青春的恩典(5)

张海涛 ·· 感受青春(7)

宋晓波 ·· 青春的门槛(9)

王书春 ·· 在青春中熔炼生命(10)

丁树华 ·· 青春的舞蹈(11)

张开冰 ·· 17 岁(12)

邵勉力 ·· 19 岁的太阳(14)

元 元 ·· 20 岁进行时(15)

郭淼彬 ·· 风中亮出年轻的旗(17)

华红辉 ·· 青春花季(18)

李 立 ·· 遗憾,也是一种美丽(20)

大 卫 ·· 预习青春(21)

苏雪林 ·· 青年(22)

祝 勇 ·· 青春的忧虑(24)

邹静之 ·· 想到青春(25)

李祖芬 ·· 青年就是 GO(27)

陈大明 ·· 走过青春驿站(28)

白 桦 ······························ 我的青春小鸟一去不回来(29)

蒋 芸 ·· 才知道青春(32)

刘兆林 ·· 幽默是青春的伴侣(33)

杨向明 ··· 青春(35)

情感是一把伞

晓 苒 ·· 生命如雨(39)

王冰清 ·· 暗恋时代的墨水笔(40)

刘心武 ·· 心上的草(43)

汤敏飞 ··· 第 100 封信(44)

郑业雄 ·· 蝴蝶发夹(45)

张晓风 ··· 我喜欢(47)

聂振伟 ··· 面对青春的萌动(49)

王天翔 ·· 裂开的青春石榴(51)

上官英子 ·· 青春的故事(53)

刘海红 ·· 瞬间泯灭的初恋(56)

叶 子 ·· 再见亦是朋友(58)

赖俊文 ·· 不懂爱情(60)

阿 荣 ·· 青春的冲动(62)

海 天 ···································· 长发不再，爱情依然(64)

邓 皓 ·· 往事并不如烟(66)

金 鹰 ·· 误会的初恋(69)

赵 苇 ··· 伤痕(71)

楚天山 ····································· 我曾那么接近幸福(72)

岁 月 方 舟

梦娃娃 ……………………………… 我不流泪(77)

李书磊 ……………………………… 关于精神(78)

高松柏 ……………………………… 永远的红手帕(80)

刘心武 ……………………………… 美丽的胡萝卜(82)

(台湾)席慕蓉 ……………………… 生命的滋味(84)

苏　童 ……………………………… 乡间小路带我回家(87)

郭　晨 ……………………………… 手中的幸福(88)

王开岭 …………………………… 当她18岁的时候(90)

周　晴 …………………………… 20岁,我哭了(92)

郝春华 ……………………………… 细雨中的梦幻(94)

陈丹燕 …………………………… 我怎样成为刚毅的男子汉(96)

唐若水 译 …………………………… 告别少年(98)

佚　名 ……………………………… 生命纹路(100)

曹　飞 …………………………… 再来一次,好吗(102)

杨冬青 ……………………………… 感激(104)

许海维 ……………………………… 败者的起点(107)

塞　林 ……………………………… 从尴尬开始(108)

凡　锁 …………………… 如果你是对的,你的世界就是对的(110)

李雪峰 ……………………………… 让我长大的一句话(111)

佚　名 ……………………………… 我人生的重要一课(113)

温志林 ……………………………… 我冲刺了谁的目标(115)

校园随想

范子平 ……………………………… 好女孩,坏女孩(119)

虞 凡 ……………………………… 我的同桌甲(121)

张集思 ……………………… 吃肉·减肥·风衣及其他(125)

顾康南 ……………………………… 当坏小孩好难(127)

马 德 ……………………………… 医治灵魂的良方(128)

张之路 ……………………………… 由考试引起的……(130)

(香港)何 紫 ……………………………… 别了,语文课(133)

刘心武 ……………………………………… 熄灭(137)

秦德龙 ……………………………… 美英的一种感觉(144)

秦文君 ………………………………… 沉默是金(146)

佚 名 ……………………………… 走不出童话的美丽(147)

张 雁 ……………………………… 六月的红裙子(150)

张之路 ……………………………………… 考试(152)

　　人生最美好的季节莫过于青春。青春是早晨的太阳，是江河里奔涌的激浪，是一只高飞在天的鸟，是一棵树叶葳蕤的树，是一支嘹亮不绝的歌。青春是蓬蓬勃勃的生机，是不会泯灭的希望，是一往无前的勇敢，是生命中最辉煌的色彩……拥有青春，就拥有了一份潇洒和风流；拥有青春，就拥有了一份灿烂和辉煌。

　　请为我们的青春喝彩！

为青春喝彩

无论我如何地去追索

年轻的你只如云影掠过

而你微笑的面容极浅极浅

逐渐隐没在日落后的群岚

遂翻开那发黄的扉页

命运将它装订得极为拙劣

含着泪　我一读再读

却不得不承认

青春是一本太仓促的书

岁月和青春

◆赵丽宏

> 站在岁月的河畔，我看见未来的浪潮正汹涌而来。每一个人都是浪中的船，每一只船都要抵达港口……

岁 月

亘古如一，来而复去，永不停留。我听见岁月的脚步正在大地上回荡……

它是一条河，没有人能阻挡它永恒的流动。天地宇宙是它的流域，浩瀚人心是它的河床。

它是寒风中飘零的落叶，是阳光下盛开的花朵，也是春雨里刚刚萌动的幼芽。

它是步履蹒跚的老人，是英姿勃发的青年，也是满目稚气的幼儿。

它伸出一双无形的手，冷静地将日历一页一页往后翻，人世间没有任何力量能锁住这双手。它把今天变成昨天，把昨天变成历史。当熟悉的往事逐渐遥远的时候，陌生的未来正一步一步临近。

它像一把雕刻刀，永无休止地雕琢着世间万物，也镌刻着形形色色的人生。所有一切都是它雕刻的对象，谁也无法逃避。天上的云，地上的路，海里的浪花，河面的桥梁，森林里的树木，城市中的高楼……老人头上的白发和脸上的寿斑是它的作品，少男少女眼神中的清纯和激情也是它的划痕。

它把一个又一个难忘的瞬间留在旅途上，这些瞬间，或许辉煌得耀眼，或许幽暗得惊心，或许美妙如仙境，或许可怕似陷阱，或许是千万人瞩目的成功，或许是永不能弥补的缺憾……你想耽留在这些瞬间，陶醉于你的欢乐和成功，或者沉湎于你的忧伤和愁苦，它却毫不理会，依然以不变的步伐走向远方，把你抛在它的身后。

面壁十年或者昙花一现，在它的脚步中都只是过去的一瞬。

只有未来，是它还来不及淹没，来不及雕刻，来不及定型的领域。那么，就让我们格外地珍视未来吧，让我们为迎候即将临近的未来作好准备。当未来像一片新芽冒出地面，当未来像一缕霞光照亮天空，当未来轻轻地叩响今日之门，我们便不至于手足无措。

站在岁月的河畔，我看见未来的浪潮正汹涌而来。每一个人都是浪中的船，每一只船都要抵达港口……

在迎送岁月的同时,我们正在创造历史。

青　春

世界上,还有什么字眼比"青春"这两个字更动人,更富有魅力?

青春是早晨的太阳,她容光焕发,灿烂耀眼,所有的阴郁和灰暗都遭到她的驱逐。

青春是江河里奔涌的激浪,天地间回荡着她澎湃的激情,谁也无法阻挡她寻求大海的脚步。

青春是一只高飞在天的鸟,她美丽的翅膀像彩色的旗帜,召唤着理想,憧憬着未来。

青春是一棵树叶葳蕤的树,她用绿色光芒感染着所有生灵,使春天的景象常留在人间。

青春是一支余韵不绝的歌,她把浪漫的情怀和严峻的现实交织在一起,拨动每一个人的心弦。

青春是蓬蓬勃勃的生机,是不会泯灭的希望,是一往无前的勇敢,是生命中最辉煌的色彩……

当我写着上面这些文字的时候,我觉得自己的心跳在加快,无数年轻时代的往事浮现在记忆的屏幕上。

是的,青春总是和年轻连在一起。年轻人可以骄傲地大声宣布:青春属于我们。一个人,从出生,经历过婴儿、童年、少年、青年和中年,最后进入老年,这是铁定的自然规律,没有任何力量能改变这样的规律。在人的生命中,青年只是其中一个阶段。青春,难道只属于这个阶段?当发现自己鬓发染霜、肢体再不像从前那样灵活,眼睛也不像从前那样锐利明亮时,青年时代便已经成为过去。这时,青春是不是也已经如黄鹤一去不回,只留下和青春有关的回忆,安慰日渐衰老的心?

然而青春并不仅仅是一种物质,她更是一种精神。在青年人的生活中,我感受着青春的活力,在很多中年人和老人的思想中,我也感到青春的魅力。8年前,我去看望冰心,我和她谈了一个多小时,谈文学,谈人生,也议论社会问题,展望未来的中国。和她谈话,使我忘记了她是一个90岁的老人,因为,她的感情真挚,思想犀利,她的精神状态中没有一点陈腐和老朽。从冰心的家里回来,我曾写过这样的诗句:"只要心灵不老,只要思想年轻,青春就不会离你远去。"

心灵体验

看日出日落，听江流不息，感花树霜飞，心中涌起无限怅惘：岁月无情催人老。"谁道人生无再少？门前流水尚能西……"达观的人总是能挖到快乐的泉源。

青春并不仅仅是一种物质，它更是一种精神。"只要心灵不老，只要思想年轻，青春就不会离你远去。"所以青春不仅仅是年龄，更是一种心态。

放飞思维

1. 如何理解"青春并不仅仅是一种物质，她更是一种精神"？
2. 作者为什么把"岁月"和"青春"联系在一起？

青春的恩典

◆ 洪 烛

青春的含义，远远不是一条格言、一首诗抑或一门理智的哲学所能概括。不需要用任何圣洁、美丽、热烈的词藻来修饰，因为它就是圣洁、美丽、热烈本身。

该如何赞美青春呢——这太阳般具备原始的神圣的词汇，这拥有无穷尽的光和热的生命本质的源泉，使豁达的天空、使躁动不安的海洋、使全世界各种版本的辞典黯然失色。青春的含义，远远不是一条格言、一首诗抑或一门理智的哲学所能概括。不需要用任何圣洁、美丽、热烈的词藻来修饰，因为它就是圣洁、美丽、热烈本身。它也是这一切的总和——对于心灵而言。

太阳每天升起，红晕并不仅仅浮现在我们果实般鲜嫩的面庞，它穿透街道、楼房乃至整个生活的象征，就像穿透花朵与树叶一样简单，在它的势力范围中，没有墙壁更没有红绿灯。我们在路上轻松地行走着，不由自主流露出蜂蜜般的微笑。是的，我们两袖清风、羽毛未丰，但内心里消费不尽的是爱，以及爱所带来的幸福。世界，在我们眼中从没有这么美好过，也不可能再有更美好的时刻了。这一切，全都属于青春的恩典。

一位树一样挺拔的男孩，一位鸟一样活泼的女孩，带着阳光的肤色出现在有泉水的地方。于是风景便肃穆如一幅关于伊甸园的油画,镶嵌着令人眩晕的金边。他和她。没有谁借给他和她漂亮的衣裳,但同样也没有谁,能剥夺他们那天生的美丽以及美丽的权利。他们走在世界上,他们的本色就足以令世界轰动。确切地说,他们不仅获得了命中注定的美丽,而且美丽了周围的一切——水面的倒影就是证明。青春,一生中惟一不需要包装的年龄——就像真理无法包装一样——与化妆品、形容词以及物质的外套无关。

我的清贫的青春啊,我的华丽的青春啊,有一灯如豆就足够唤醒光明,有妩媚的一瞥就使一生感动,甚至,有一首诗就理所当然成为世界的富翁。即使在层出不穷的挫败中间艰难地突围,谁也无法否认我们胜利者的姿态——因为我们毕竟还有与失败较量的资格。在我们的履历表上,只有青春的失败,没有失败的青春。这还不足够骄傲的吗?

青春,写下这两个字我就容光焕发。你、我、他——我们的黑发像旗帜一样在空中飘扬。我们不需要寻找财富,我们自身就是财富;我们没必要接受赞美,我们幸福美好的容颜本身就是对世界的赞美——即使无法判断我们是否使世界变得年轻,至少肯定我们阻止了世界的衰老。

这简直是生命中的神话、牧歌、史诗,这简直是生命中全部魅力的集中体现。水与火,力与美,温柔与刚强,花前月下的散步以及夸父逐日的竞走,思想与行动,崇拜与批判……恰恰构成这枚丰硕的金币两面的浮雕。我们凭借手指的触摸,就感悟到它那深奥的花纹一如朴素的真理。节俭是一种选择,浪费是另一种选择,青春因我们的节俭而日趋圆满,但又不至于因浪费而荡然无存。这争分夺秒的勤勉的年龄!这一掷千金的慷慨的年龄!我们有向世界提出任何要求的勇气,又敢于宣布自己的欢乐与满足。泪水,浇灌的是麦穗,而微笑,简直是对鲜花的比喻。

生命的赤道。爱情的故乡。美的启蒙者。四季的魔术师。平原上的舞蹈。天堂的音乐。人间消息。该怎样赞美青春呢?怎样的赞美才不至于辜负青春所施予我们的恩泽?这一瞬间我意识到语言的苍白无力,就像骑士时代陷入了热恋的少年,甚至无法对心目中的偶像唱出哪怕一首平静的情歌。我耳畔回响着浮士德那张开双臂、语无伦次的呼唤:“美啊——请停留一下!”如果没有爱,就不会关注于它的持续或消失。如果没有赞美的对象,赞美本身就类似于虚无。这是一棵果树对果园的心情,一只鸟对天空的心情。这是——我的心情。

青春从来不是为倾听赞美而存在。但是,我又怎能不赞美它呢?即使我仅仅是青春的过客,青春却永远是我的主人!

心灵体验

这是一篇激情洋溢、色彩斑斓的散文诗。它的语言漂亮而华丽,结构如诗一般跳跃、灵动,让人真真切切体会到"青春的恩典"。因为只有青春,才会拥有如此亮丽的风采。

放飞思维

1. 在文中,作者把青春比作什么?
2. 为什么说"即使我仅仅是青春的过客,青春却永远是我的主人"?

感 受 青 春

◆张海涛

漫漫途中,我们背负行囊与渴望而行,走遍天涯,蓦然回首时,却发现行囊仍空空,足印仍曲曲。

只有秋天的时候,你才知生命的季节已经悄悄远遁。落叶之下,簌簌的风声,很难再记起在春天的日子里是如何萌发希望的新绿的。

就像感受春天,在青春的岁月里我不可能没有一种怅惘的遗憾。那种寥落的感觉源于何处?你不知道,我也不知道。黑暗之处,我的影子是那样单薄而孤独,静伫在时空的心中。但时光是永远行进着的,我的脚步不能有丝毫的松懈和停顿。

用真诚的心,去真真正正地回想过去的日子,你会品尝到一种淡淡的涩涩的滋味,心中是不能不有所感触和深思的。为这今天的一切,我们丢失的已经太多了。漫漫途中,我们背负行囊与渴望而行,走遍天涯,蓦然回首时,却发现行囊仍空空,足印仍曲曲。

然而,我还是想起了那些很遥远很隐约的往事,就像刚刚发生在昨天,那些细节使我不能全部忘怀。怀念过去是痛苦的,沉醉于痛苦却能得到一种解脱。在纷杂的现实中我常留恋往昔的那份纯真与善良,而现在,这些太难寻觅了。人们都低着头各自匆匆赶路,没有人会注意到我的存在,没有人会与你打招呼,在旅途上也没有熟悉的亲人和朋友。这漫漫行程需要你自己去走,用你的脚步去丈量它的里程。等到人生尽头再回首时,你才能了解自己的青春是否无悔。

人的一生很短而又很长,对么?我说是的。人生是一场矛盾,或者是一串探索,而我们,便在这反复的变化和无尽的磨难中学会生存、发展。然而,人生不是梦,不是太多的虚无和迷茫。梦只是夜的宠儿,我们却生活在白天。

而路,却没有终点,仍是那么遥遥无期,我们还要赶路。

在今天的时候,人们无法确定明天的行踪如何漂泊。雨总会有的,而太阳,也永远不会消失。抬起头,你看,现在还是一个晴朗的日子,人生的驿站很多,走一段征程,心中便有一点儿收获。晨光中有许多清新的歌声和泥土的芳香,你闻见了吗?每天的时序都是这样反反复复地变更,你我都无法永远有时间的偏爱,那么,把握住这束稍纵即逝的阳光,走过光阴的雨季,便有一阵鸽哨在心中清脆地和鸣。

我们却常常反悔,反悔往日的不可追悔。其实,这并没有什么怨恨的,怨恨的只能是我们自己。美丽的事情总是这样一闪即逝的,稍不注意,就会从你的手中溜走。譬如有一天清晨我们面对草尖上闪亮的泪滴而惊叹时,能否想到黑夜里那颗哭泣的心是多么沉重。作为阳光的眼睛,即使是一滴晶莹的泪,也会闪烁着一丝纯净的希冀,我们没有理由轻易抛弃永恒的信念和追求,太阳的诱惑总是神圣而执著的,它的温暖常令我们感动一生,就像小时候常在母亲怀抱中唱的那首歌。

歌很美,其实生活也是很美的,只要那首歌你别唱走了调子。韵律是那样和谐而奇妙,如无穷无尽的阳光,赋予你快乐的遐想。

青春的日子已经是很现实的了,面对眼前的一切,你该怎么办?有没有勇气去承担你肩上的那份属于你自己的空间?不是做梦的季节,梦只是虚幻的烟雾,在心中只能留下一片阴影。我们崇尚的只是做一个实实在在的人。做一个人不容易,许多人并不能真正理解它的内涵。

没有那么多时间供我们去逍遥自在,在自己的小天地中独自徘徊,你的目光便会渐渐萎缩。而窗外的风,已在轻叩你的窗棂。别再沉溺于无聊的泥潭不能自拔,有那么多美妙的事情都在等待着我们的到来。

在生命接受命运的洗礼时,我们就注定了要在这世界上流浪一生。列车在生命的站台旁呼啸而过,能停靠的站太少太短暂。挥起手,别说再见,只因心中那份永远的期待和永远的怀念。错过了许多可以停栖的港湾,你就不能再记起原先的起点。

心仍真诚地跳动,握着你的手,我们在青春里寻找最珍贵的意义。当再一次感受青春,扪心自问,我们是否无怨无悔!

心灵体验

青春是短暂的,青春又是永恒的。短暂的青春,在人生抛物线顶端闪烁光华;永恒的青春,在代代相传的青春接力中与时光并进。我们在青春里寻找最珍贵的意义。当我们再一次感受青春,扪心自问,我们是否无怨无悔!

放飞思维

1.你对青春的感受如何？

2.读完本文,你得到了什么启示？

青春的门槛

◆宋晓波

> 我愿在浮世中,守候这片净土,留下一份冷静
> 和超然。

一直以为自己是个无忧无虑的女孩,在花季的年龄,虽身处灯红酒绿的大城市,铺张与奢靡随处可见,我仍固守心中的一片坦然,如同风雨中挽留一抹彩霞。那时的我,是个在青春门槛怎么也迈不出的女孩,风光潇洒之时,充满喧闹与浮躁;冷落孤寂时,常有淡淡的伤感。

今天的我,身着国防绿,虽然仍旧怀念那段青春时光,但是只要曙光中军号声响起来,军人的使命感就充盈心里,阳光下军营之花便格外鲜艳。

真想重新走入青春门槛里,去牵住那段无悔的,伴我追赶门槛外"一、二、三、四"口号声中的伙伴。

迎着校园内的清风,学习的步伐永远向前。充满朝气,不懈追求,这是我们军人的品格。我愿在浮世中,守候这片净土,留下一份冷静和超然。

心灵体验

人生就像小姑娘跳方格格一样,无论愿不愿意,都必须跨过这一扇又一扇庄严的大门。虽然你跨过了青春的门槛,但你又向人生的又一新领域奋力去攀登,不要后悔。

放飞思维

1."我愿在浮世中,守候这片净土,留下一份冷静和超然。"你如何理解这句话？

2.那时的"我",为什么总是迈不出青春的门槛？

在青春中熔炼生命

◆王书春

> 愿勇士的人格长成参天大树，结出丰硕的果实，成为我们的精神食粮；愿勇士的形象成为一座座丰碑，树立在我们心中，激励我们永远无敌。

勇气像一面旗帜，激励人们前进；勇士是一种力量，鼓起众人的志气。而懦夫则像一种传染病毒，会使很多人染上胆怯不前的病症，会使一个体力健壮的人一步步走进精神的坟墓。

懦夫一生死过多次。

是因为——

每经受一次失败，就是一次精神死亡，颓废的情绪笼罩着生命；

每经过一次坎坷，就是一次自我否定，垂头丧气地徘徊在人生的十字路口；

每一次失望，都用绝望把五彩的天空抹黑，让精神世界一片黑暗。

而勇士一生只死一次，即使肉体死去，精神却永远站立。

每一次失败，都更激起了求胜的欲望，向着理想的目标奋进；

每遇一次坎坷，都增添一份勇气，向更高的山峰攀登。

勇士视坎坷为一双鞋，视艰辛为加油站，这一切只能激励他更快地前行。

"困难是我们的恩人。"先哲们告诉我们人生的真谛，勇士就是这样的一些人。

懦夫永远让路留在眼前，因为他眼盯着坎坷、艰辛、困难而不敢前行；

勇士永远让路留在身后，他们去创造新路，他们把克服困难、超越坎坷、排除艰险视为一种人生乐趣。

愿勇士的精神似强劲的东风，吹开我们心中懦弱的冰河，使我们走进勇士的行列。

愿勇士的人格长成参天大树，结出丰硕的果实，成为我们的精神食粮；愿勇士的形象成为一座座丰碑，树立在我们心中，激励我们永远无敌。

青春是火热的，在青春中熔炼年轻的生命，人人都可成为勇士。

心灵体验

本文讲述了两种人的精神状态。勇士是一种力量，鼓起众人的志气；而懦夫会使一个体力健壮的人一步步走进精神的坟墓。青春是火热的，在青春中熔炼年轻的生命，人人都可成为勇士。

1.这篇文章通过"懦夫"和"勇士"两种人的对比,告诫人们什么道理?

2.读过本文,对你的人生有怎样的启示?

青春的舞蹈

◆ 丁树华

> 在岁月的年轮上,没有什么比青春的花朵色更艳;在时空的隧道里,没有什么比青春的黄金价更高。

海水,在远方咆哮。

激情,在心中燃烧。

折一条柳枝作琴弦,掬一捧秋风当号角。打开天空的帷幕,我们上演青春的舞蹈。

我们在乡间舞蹈,当蝉鸣和晨露随风而去,大地披上鹅黄的外套,青春不是枯萎是燃烧。我们在城市舞蹈,当高楼与大厦拔地而起,空中布满霓虹的广告,青春不是奢靡是创造。

我们为母亲舞蹈,褓褓的睡眠,学步的蹒跚以及咿呀的开始,天真烂漫的年华里写下的诗也绝非轻佻。我们是儿子,漫长的人生中倘若有一堆不熄的火,青春就是对皱纹的回报。我们为心灵舞蹈,曾经的嫩绿孕育无数绚丽的梦,至真至善的纸上谱满最初的心跳,我们是诚挚,纷繁的世界里如果有一支不老的歌,青春就是亘古的曲调。

青春的舞蹈多么美妙。

在岁月的年轮上,没有什么比青春的花朵色更艳;在时空的隧道里,没有什么比青春的黄金价更高。

青春的舞蹈就是宣告:

停滞的青春是死水,我们不要;

单调的青春是委靡,我们不要;

偏激的青春是敌人,我们不要;

无梦的青春是堕落,我们不要……

平凡的日子,我们用舞蹈诠释青春;花开的季节,我们用青春讲述崇高。
舞蹈的青春不是生命的刻意炫耀;
青春的舞蹈却是人生进取的火苗。

心灵体验

　　青春的舞蹈多么美妙。我们不要停滞的青春,我们不要单调的青春,我们不要偏激的青春,我们不要无梦的青春。我们要的是舞蹈的青春。舞蹈的青春不是生命的刻意炫耀,而是人生进取的火苗。

放飞思维

　　1."在岁月的年轮里,没有什么比青春的花朵色更艳;在时空的隧道里,没有什么比青春的黄金价更高。"你如何理解这句话的含义?
　　2.文章题目"青春的舞蹈"的含义是什么?

17　岁

◆张开冰

　　　　17年的日历,画满了勃勃野心与苍白的行动,然后一张张撕下,毫不惋惜地抛向渺渺的宇宙。那是因为我拥有大把的日子,不知道失去了便再难找回的意义。

　　17岁,一个尴尬的年龄!以一个老"儿童"的身份,跨出了校门,又游离于社会。17岁,是带着寂寞,存在于夹缝中的年龄。
　　天天蜷缩在家中的沙发里,看窗外熙熙攘攘的人流,大家各有其匆匆忙忙总做不完的事情,真羡慕他们。而我多像窗台上的那只蜗牛,背负着17个春秋的历史,在人生道上似漫无目的地缓缓移动,真不合拍!陪伴我的是一只懒洋洋的小猫,瞳仁由圆形、椭圆形而直线,周而复始。它的单调是我的恐慌,总觉得它的眼里容入一宇宙的寂寞,然后在我面前吐纳:时间依然,每天都有24小时,而时间在变,分分钟都不可能相同。

"子在川上曰：逝者如斯夫。"江水有结冰的时候，而时间却永远不会冻结。

太阳光透过树枝，在窗外一闪一闪，它是否在拍摄我偷懒的身影，然后要寄给上帝？仿佛，17年前，我诞生的那一瞬，太阳便向我投来希望。而现在，我对太阳的概念，仅存一个夸父追日的故事。平淡的生命真难向它交代，我无力挽住它，只能任由它带去黄昏，留一空星光来讥笑我的浪费。17年的日历，画满了勃勃野心与苍白的行动，然后一张张撕下，毫不惋惜地抛向渺渺的宇宙。那是因为我拥有大把的日子，不知道失去了便再难找回的意义。

赧颜对无极的青空，我感到自身的卑微，18岁在望，我不能再浪费生命了。

我应当自己去寻找18岁的成熟，今后的路还好长好长……

新的太阳又在催促我了，把期待留给身后那17对蹒跚稚嫩的脚印，锁住一屋子的寂寞和梦幻。

我走向窗外，欲穷一生的日子去追赶太阳，纵使如夸父渴死半途，也为化做一片新的树林！

心灵体验

17岁的少年，开始隐约懂得了生命的意义：寂寞无聊也只是暂时的，他们不再空洞地期待什么，而是意气风发地迈出了"追赶太阳"的步伐。即使失败了也不要紧，只要拥有年轻，就拥有希望。

这是所有17岁少年的心声：青春的日历里写着迷茫，写着稚嫩；但更多地写着追求与希望！

放飞思维

1.为什么说"17岁，是带着寂寞，存在于夹缝中的年龄"？

2.第3自然段在全文中起什么作用？

3.读了这篇短文，你有什么想法？

19 岁的太阳

◆ 邵勉力

> 我知道昨天的风吹不倒今天的树；我知道无数个明天会有无数个讲也讲不完的故事。我将会微笑着向沉重的 19 岁告别，然后把它珍爱地藏进心的最深处。

一个又一个灿烂的白天明晃晃地写在玻璃窗上了；一个又一个黯淡的黑夜又从玻璃窗上隐遁了。

啊，那分明和不分明的梦，不甜蜜也不苦涩。我让动脉血管凸起，热情洋溢地一起一伏。我伏下身去倾听血像浑浊的河流一样流淌。我陶醉在这有力的声音里，心被巨大的幸福激荡着，不剩一点缝隙。

我是一个正在学徒的工匠。我正在学会使用理智而不是感情。

19 岁的太阳是稚嫩和苍白的。它喜爱秋天和秋雨，喜爱秋叶和秋霜。它照耀着蓝色的河流，不管南方还是北方。它期待生命在血管里搏动，在血管里萌芽。它祈求着爱，它害怕摧残。

无数的能量在聚集着，在寻找突破口，在沉睡，在等待，在愚蠢而又荒唐地发疯，在真实又真实地生活。每天每天，太阳都是新的。

泥土的气息，鸟的叫声，四周深沉的色调离尘绝俗的感觉弥漫了我，我被带到很远很远的地方，我仿佛听见细细的乐曲像一只雪白的鸽子从我的头顶旋转着缓缓落下，然后又像轻纱一样从我的脚下向远处覆盖着过去……

永恒的时光总要流逝。19 岁的太阳不会永恒。我知道昨天的风吹不倒今天的树；我知道无数个明天会有无数个讲也讲不完的故事。我平静了。我将会微笑着向沉重的 19 岁告别，然后把它珍爱地藏进心的最深处。我将走向成熟的原野。

19 岁的太阳毕竟多么圆多么亮啊！

心灵体验　19 岁的太阳是稚嫩和苍白的。它喜欢秋天和秋雨，喜爱秋叶和秋霜。它照耀着蓝色的河流，不管南方还是北方。19 岁的太阳不会永恒，但它毕竟是又圆又亮！

放飞思维

1.读完全文，你认为作者在文中流露出来的是一种什么样的情感？

2.请用简洁的语言表达文章的主旨。

20岁进行时

◆元 元

> 20岁！青年时它是我活跃的生命曲线；中年时它是我深深追忆的根基；暮年时它是我娓娓述说的丝缕；而在人生弥留之际，我的20岁是我老泪纵横的河流！

一位朋友曾经对我说："真羡慕你，你才20岁，知道吗？你活像一只年轻的小母鸡！"母鸡？这倒是个新鲜的比喻。不过，20岁的我果真像只小母鸡吗？

倒是常常怀念20岁的生日。那天在蒙蒙小雨中我打一把红伞，穿一件红连衣裙，手里握着一把老妈送给我的红色的花。脖子上第一次套着金项链，那冰凉而沉重的东西搞得我有点儿紧张，它使我顾长的脖颈不能优雅地转动。我生在7月，因此朋友会为我写下这样两句很棒的话：不是人人都像你，能属于燃烧的季节；不是人人都像你，能拥有燃烧的情感……20岁生日惟一的遗憾，是没有收到puppy-lover的贺卡。

20岁信奉一位伟人的名言：老子不怕邪！生来只帮老妈买过一次菜，却也不肯放过农贸市场那缺斤短两的老头子抑或老婆子。回来后还要向老妈发牢骚：现在的农民，要多奸诈有多奸诈，老黄牛都变成尖嘴儿狐狸了！

20岁最不肯遵循古训，因为那些古训往往也自相矛盾，令人无所适从。例如"人不可貌相"，但又说："相由心造"，要是听它们的指使，非累死不可。还不如听毛主席他老人家的：具体问题具体分析。

20岁有20岁的浪漫，天色渐暗的时候，树林里的箫声会轻轻地传来。那是怎样凄凄切切，令人魂牵心动的箫声啊！后来，箫声再一响起，我就张开羽毛，跑到树林子里去溜达，盼着能和那吹箫的人"不期而遇"。

20岁还喜欢每天冲个温水澡，因为浴池是最公平的地方。每个人都赤裸地站在水的幕帘下，像最初来到世界上一样无遮无掩。我们和那些女教师、女教授、女领导站在一起也就不再自卑。我们不动声色地打量她们，看她们松弛的腿与臀几乎分不出界限；看她们下垂的腹部围裙一般，看她们的线条糊涂混乱，满身写着人生的悲哀。这里真正的公主和皇后，是我们，我们的 20 岁！一位趾高气扬的女教授，上课前总是不可一世地把书本重重地摔在讲台上，可是你看，她在浴池里见到我们，不是也一样会羞愧地背过脸去吗？

20 岁天不怕地不怕，永远像喝多了高粱酒——"见了皇帝也不磕头"。上帝赐给我灵敏的嗅觉，凭这灵敏的嗅觉我能嗅出某些人身上隐藏的乌龟味，于是我就痛快地骂他们"王八蛋"。骂过之后，也并不在乎他们见面时还会不会冲我笑，管他呢，笑不笑一样是王八蛋。

常听女人们骂："世上的男人没一个好东西！"男人们骂："女人都他妈的是毒蛇！"许多中年人不相信世界上有爱情，而 20 岁的我却相信有。爱情有时只不过像流星，出奇地美丽而又出奇地短暂。他们错就错在不信曾经有而现在无的东西，中年人真是愚蠢，居然连流星的道理都不懂。

20 岁也并不是没想到衰老和死亡。踏入暮年的时候，也许我也成了个伟人，我会记起 20 岁时，我这个伟人也有过不够伟大的治学精神。即使我只是个普通的老太婆，我也会为自己写好墓碑的碑文。我要像司汤达一样如此简洁地概括我的一生：元元，写作过，恋爱过，生活过。

哦，20 岁！青年时它是我活跃的生命曲线；中年时它是我深深追忆的根基；暮年时它是我娓娓述说的丝缕。而在人生弥留之际，我的 20 岁是我老泪纵横的河流！

心灵体验

20 岁是如诗的年纪，20 岁的人天生有着诗人一般的气质、禀赋。所以，书写 20 岁的元元用的是诗的笔墨，轻盈跳跃地挥洒着她的幸福——20 岁的人天不怕地不怕；20 岁的人绝不肯循规蹈矩；20 岁的人想说就说，想笑就笑，想哭就哭；20 岁的人没有顾忌犹豫，有的就是一份少年轻狂与坦荡！每一段的文字读下来，你都会觉得那是一首清新的诗，一曲欢快的歌！

放飞思维

1.这篇文章的中心思想是什么？

2.读了这篇文章后，你觉得你的 20 岁会怎样？

风中亮出年轻的旗

◆郭淼彬

> 年轻使我们拥有更多的时间来磨砺自己,克服弱点,养精蓄锐,调整坐标,重塑生命,迈向辉煌!

年轻是什么?

年轻,是春日的竹笋、草原的新绿、出水的芙蓉……

年轻,是初升的太阳、远征的新帆、离弦的利箭……

年轻,是轰然出山的瀑布、暴风雨中的闪电、大漠风沙中的战旗……

年轻是金,年轻是银,年轻是生命中无与伦比的宝贵财富!

尽管,年轻使我们缺少成熟、缺少经验,没有许多所谓的资格、资历、资本等等,但是,我们应该清楚,机遇面前人人平等。市场经济不相信资历,竞争面前不分老少,面对滚滚的新世纪浪潮,即使再成熟的水手,倘若没有充沛的精力、崭新的知识和超凡的智慧,同样随时面临灭顶之险!

尽管,年轻使我们缺少阅历,显得稚嫩,常常容易犯错,甚至遭遇困惑与陷阱,但是,我们应该相信:年轻也使我们获得许多谅解、同情、支持与提携,从而使我们最终赢得一次次披挂上阵、杀出重围的机会!

尽管,年轻使我们缺乏积累,底子薄弱,没有那些殷实的财富、令人炫目的权力和地位、成功的鲜花和掌声,但是我们应该懂得:年轻使我们拥有更多的时间来磨砺自己,克服弱点,养精蓄锐,调整坐标,重塑生命,迈向辉煌! 透析生命成功的轨迹,我们不难发现,年轻时所走的路正处于蜿蜒曲折的上升期。因此,其行路之艰难与生命终点的不定性,使我们注定选择奋进与搏击,而丝毫不能选择退缩与怠慢。年轻的你千万不要浪费一分一秒,去探花养鸟,去玩麻将扑克,去歌舞达旦;你只能时刻自省、自警、自励、自强! 只有这样,你才能克服自我,战胜自我,放弃平庸,选择伟大,进而走向生命的巅峰!

这是一个令人心动、睡狮猛醒的时代。

这是一个大浪淘沙、英雄辈出的时代。

假如,你是一位真的勇士,必将亮出年轻的旗,倚天抽剑,仰天长啸,逐鹿中原……

假如,你是一位真的水手,必将亮出年轻的旗,扯足风帆,劈波斩浪,一往无前……

"世界是你们的,也是我们的;但是归根结底是你们的。"一位伟人的声音始终在我们耳畔回响。历史的责任与重担是我们的脚步不免增加了几分凝重感。江山代有人才出,世界接力有来人。只要我们竭尽全力,真诚付出,让先辈交与的文明火炬在我们手中熊熊燃烧,然后小心翼翼地传给比我们更年轻的一代,那么,我们就将无愧于古人,后对得起来者!

风中亮出年轻的旗,上路!为了我们年轻的事业,为了那绝顶的风光,为了人类更美好的未来……

心灵体验

年轻是什么?是热情,是执著,是初生牛犊不怕虎的精神。尽管年轻的我们缺少成熟和经验,没有所谓的资格、资历、资本,显得稚嫩,容易犯错,但是我们却拥有遇到困难毫不退缩的闯劲。虽然年轻的我们身边没有鲜花与掌声,没有令人炫目的成功,但我们不会轻易放弃,从而不断地磨砺自己。亮出我们年轻的旗,这个世界因有了我们而精彩。

放飞思维

1.你认为年轻是什么?

2.读完这篇文章,对你的学习和生活有什么启示?想想然后写一段话。

青春花季

◆华红辉

当飞花渐瘦,昨日之阳与今日不再同样年轻之时,才一梦初醒:青春无需昭示,不用证明,青春挥霍不起,青春更不为你所独有。

世上有些花常开常落,有些花却只有一次花季,不经意就会开放,不经意又会错过。

如果,如果你在花开的时候,忘了拍一些美丽的照片,等到错过了花期,再去追忆那淡淡的、诱人的花香,就难免在花香轻袭之时,抚之怅然。

18 岁,多么美丽的花季呀!哪个黑眸中没有青花似霰,哪个嫩白的额头没有梦幻如阳呢?

每一次战栗都让人难忘,每一个声音都刻骨铭心!

然而,18 岁的时候,我们却不明白青春。

我们把青春当做一种资本,用挥霍生命来昭示她的存在;用夸夸其谈来显示她的魅力;用我行我素来证明她的洒脱……

当飞花渐瘦,昨日之阳与今日不再同样年轻之时,才一梦初醒:青春无需昭示,不用证明,青春挥霍不起,青春更不为你所独有。

原来,每个人都年轻过,每个人都拥有过青春的梦!18 岁如花的芳龄,只是自然的造化,不是你的资本;断章片语的浮华炫耀,只是你的幼稚,不是青春的魅力;野马脱缰般地放浪形骸,只是你的偏执,不是青春的洒脱……

青春是一首歌,让你用如火的精力唱出她的生命;

青春是一个梦,让你抚去任何虚妄的痕迹,用坚实的足音将她羽化为现实的辉煌;

青春是一只飞鸿,让你抖落世俗的纤尘,陶然于生命的恢弘与超然;

青春是仅属于你一次的花季,让你在幸福的时候,要倍加珍惜;苦难的时候,要倍加坚韧。悉心地采撷每一种花的标本,留住那永恒的生命的芬芳……

心灵体验

青春是一首歌,是一个梦,是一只飞鸿;青春是属于你的一次花季,让你在幸福的时候,要加倍珍惜;苦难的时候,要加倍坚韧。悉心地采撷每一种花的标本,留住那永恒的生命芬芳。

放飞思维

1."世上有些花常开常落,有些花却只有一次花季,不经意就会开放,不经意又会错过。"你如何理解这句话?

2.读完全文之后对你有什么启示?

遗憾，也是一种美丽

◆李立

> 美丽需要回忆，虽然它很短暂。它会像那带着红橘子的书签触动您的每一根思绪。回忆永驻，青春永驻。

逝去了，青春就犹如闪电刹那间划过穹宇的优美曲线，永远可望而不可及。拥有它，只忙于阅读她的美丽，却不懂得珍惜。于是，人们发出了不得已的长叹：青春是短暂的，因而是遗憾的。

短暂，不是遗憾。

花开惹人爱，却无奈花落去。"落红不是无情物，化作春泥更护花。"花落，是一种忧伤的美丽。

其实，遗憾也是一种美丽。只要曾经拥有过，何必太在乎结果。

事物因为过程而美丽。

当我们的心随着音符而跳动，我们就有了一份别人羡慕的幸福。即使我们挽留不住它们匆匆的前进脚步，至少我们的回忆中也多了亮丽的一笔：您还记得那千年槐树下的悄悄话吗？您忘记了捉泥鳅时满身泥巴了吗？您不记得面对蓝天白云那轻轻的誓言了吗？

美丽需要回忆，虽然它很短暂。它会像那带着红橘子的书签触动您的每一根思绪。回忆永驻，青春永驻。

容颜逝去，如那东去的流水，永远没有回复之日。可我们的心可以永驻青春。

青春的短暂使我们懂得了珍惜。当我们为自己营造另一方天地，我们就绝不会再吝惜。青春的图影再一次闪现，我们已经知道如何重新来过。

谁说青春短暂，我们可以营造无数个春天，谁说青春遗憾，遗憾已变成了一个新的起点。

短暂，只要我们心中永驻春天，它就可以再造神话；遗憾，它会铸造下一个美丽的未来。

为了激情，为了生活，我们需要遗憾，也是一种深沉的美丽。

心灵体验

青春的短暂使我们懂得了珍惜。在每个人的生命中都会有遗憾，正因为有遗憾，我们才去铸造下一个美丽的未来。所以为了生活，为了激情，我们需要遗憾。

1. 你认为青春有哪些遗憾？
2. 作者为什么说"遗憾也是一种美丽"？

预习青春

◆大卫

要理解青春，触摸生活，正确面对那些不期而至的挫折。连竹子每长高一些，都能把那些解不开的疙瘩当做成长的小节，何况有感情有思想的你呢！

青春是一本厚厚的书。当上课铃声即将敲响，你要用激动的心情，把这本书谨慎地打开，像上语文课或者数学课一样，为了对知识更好地把握，你要把有关章节先预习一下——

预习勇敢。胳膊有劲了，身上长肉了，拳头捏紧了……生理上的这些变化证明着你是生龙活虎的，但你也切不可因此而胡乱动武。你要甄别哪些是勇敢，哪些是荒唐，哪些是莽撞。其实，在深夜护送一个迷路的女孩回家，陪她走黑黑的路、深深的巷，这才是真正的勇敢。

预习真诚。青春莅临，脑袋瓜子越发变得聪明了，知道如何应对世事了。但你不要耍小聪明，不敢撒谎也不能欺骗。有啥就说啥，说啥就干啥，干啥就成啥。人最怕也最讨厌的就是言而无信、虚伪欺诈。你要用青春的汗水浇开心灵这朵真诚的花。

预习初恋。青春期的你不知不觉地发现：喉结怎么隆起了？嗓音怎么变粗了？胸脯怎么饱满了？这时，你的身体内有一种东西在涌动，你有一种想牵住一个人手的欲望，朦朦胧胧之中你觉得初恋向自己走来。但是，你可要记住自己还太年轻，对初恋还仅仅停留在预习阶段，而且对初恋的预习并不是让你去谈恋爱，而是让你从杂志报纸、电影电视甚至别人的故事中去远距离地感悟初恋。你要在了解了初恋之后明白这样一个浅显的道理：熟透的果子最甜，早摘的青果太酸！

预习挫折。人生不如意的事十之八九，谁也无法光着脚板走一辈子坦途。别因长辈的一次批评、朋友的一次误解、亲人的一次责怪而消沉,甚至一蹶不振。你要理解青春,触摸生活,正确面对那些不期而至的挫折。连竹子每长高一些,都能把那些解不开的疙瘩当做成长的小节,何况有感情有思想的你呢?!

青春这本书还告诉你:

失败之时要预习成功;

失败之时要预习希望;

烦恼之时要预习欢乐;

懦弱之时要预习坚强……

总之,你要做好充分的思想准备,把青春的内容看透吃透。这样,当你胸有成竹地走进人生的课堂,你就能够用自信的目光,把理想的风铃碰出一阵鸣响。当岁月的铃声敲响第15下、16下或者17下、18下,你就可以自豪地说——

青春,你一定在我身上绚丽!

心灵体验

题目《预习青春》让人读来耳目一新。文中将青春比喻为一本厚厚的书,这本厚书中的内容丰富。青春是人生必须经历的一个阶段,还需要预习吗?其实作者在文中所说的预习青春,就是要为青春做好充分的思想准备,胸有成竹地走进人生的课堂。文章立意深刻,独具匠心。

放飞思维

1.用一句话概括本文的主要内容。

2.本文在结构上有什么特点?

3.请你谈谈读了本文之后的收获以及走进青春时的打算。

青　年

◆苏雪林

他是初升的太阳,他是才发源的长河,他是燃烧世界也能燃烧自己的一团烈火。他也是热情的化身,幻想的泉源,雄心的出发点。

当一个十四五岁或十七八岁的健美青年向你走来,先有股爽朗新鲜之气迎面而至;正如睡过一夜之后,打开窗户,冷峭的晓风给你带来的那一股沁人心脾的微凉和葱茏的佳色。他给你的印象是爽直、纯洁、豪华、富丽。他是初升的太阳,他是才发源的长河,他是燃烧世界也能燃烧自己的一团烈火。他是目射神光,长啸生风的初下山时的乳虎,他是奋鬣扬蹄,控制不住的新驹。他也是热情的化身,幻想的泉源,雄心的出发点。他是无穷的无穷,他是希望的希望。啊!青年,可爱的青年,可羡慕的年龄。

青年是透明的,身与心都是透明的。嫩而薄的皮肤之下,好像可以看出鲜红血液的运行,这就形成他或她容颜之春花的娇,朝霞的艳。所谓"吹弹欲破"的确叫人有这样的担心。忘记哪一位西洋作家有"水晶的笑"的话,一位年轻女郎嫣然微笑时,那两泓明亮的秋波,那两行粲然如玉的牙齿,那唇角边两颗轻圆的笑窝,你能否认这"水晶的笑"四个字的意义吗?

青年是永远清洁的,为了爱整齐的观念特强,青年对于身体,当然时时拂拭,刻刻注意。然而青年身体里似乎天然有一种排除尘垢的力,正像天鹅羽毛之洁白,并非由于洗濯而来。又似乎古印度人想像中三十二天的天人,自然鲜洁如出水莲花,一尘不染。等到头上华萎,五官垢出,腋下汗流,身上那件光华夺目的宝衣也积了灰尘时,他的寿命就快告终了。

但是,青年之最可爱的还是他身体里那股淋漓元气,换言之,就是那股愈汲愈多,愈用愈出的精力。所谓"青年的液汁"这真是个不分昼夜,滚滚而来的源泉,它流转于你的血脉,充盈于你的四肢,泛滥于你的全身,永远要求向上,永远要求向外发展;它可以使你造成博学,习成绝技,创造惊天动地的事业。青年是世界的王,它便是青年王国所拥有的一切财富。

中年人或老年人见了青年,觉得不胜其艳羡之至,而青年却似乎不能充分地了解青春之乐。我们称孩子的时代为黄金,其实孩子果真知道自己快乐吗?他们不知其乐,而我们强名为之乐,我总觉得有点儿勉强。

再者青年总是糊涂的,无经验的。以读书研究而论,他们往往不知门径与方法,浪费精神气力而所得无多。又血气正盛,嗜好的拘牵、情欲的缠纠、冲动的驱策、野心的引诱,使他们陷于空想、狂热、苦恼、追求以及一切烦闷之中,如苍蝇之落于蛛网,愈挣扎则缚束愈紧。其甚者从此趋于堕落之途,及其觉悟已老大徒伤悲了。若能以中年人的明智,老年人的淡泊,控制青年的精力,使他向正当的道路上发展,则青年的前途岂不更远大,而其成功岂不更快呢。

据说法朗士常恨上帝或造物的神造人的方法太笨:把青春位置于生活过程的最前一段,使人生最宝贵的爱情,磨折于生活重担之下。他说倘他有造人之权的话,他要选取虫类如蝴蝶之属作榜样。要人先在幼虫时期就做完各种可厌恶的营养工作,到了最后一期,男人女人长出闪光翅膀,在露水和欲望中活了一会儿,就相抱相吻地死去。读了这一串诗意洋溢的词句,谁不为之悠然神往呢?不止恋爱而已,想到可贵青春度于糊涂昏乱之中的可惜,对于法朗士的建议,我也要竭诚拥护的了。

心灵体验

青年是初升的太阳,是初下山时的乳虎,是热情的化身,是希望的希望。青年还是透明的,永远清洁的。但青年又总是糊涂的,无经验的。可是青年遇到困难毫不退缩,青年总是永远向上,永远的无穷。

放飞思维

1.文中把青年比喻什么?
2.结尾一段的作用是什么?
3.读了这篇文章,你有什么启示?

青春的忧虑

◆祝 勇

只因为青春无可挑剔的完美,所以在每一个人的心灵里都成了一份负担,生怕它有一丝一毫的衰减。

也许年轻的时光过于美好了,心灵轻松得无须承载一片乌云,面孔鲜嫩得如同雨后绽开的花朵,力气可以使你到达任何向往的地方,目光总是期待着尚未解开的谜题。

所以那些青春不再的人们,回想起那些用诗串起的日子,总不免发出一声无奈的叹息;也有那么多正在青春途中的人们,担心着今日的一切终将飘远,终将被一个永远无法企及的距离隔开。

只因为青春无可挑剔的完美,所以在每一个人的心灵里都成了一份负担,生怕它有一丝一毫的衰减。还记得你被剧中的情节所吸引,又担心着落幕时的那种感觉吗?

其实，对于一个潇洒的灵魂，这一切都是一种执著的稚拙。生命的每一驿站都有它独到的意境，只要你把经过的一切都当成一种宝藏，只要你把视线投向尚未到达的前方，你会知道，即使青春终将落幕，届时在收获的欣喜中，你又会开始更有魅力的一程。

"春有百花，秋有月；夏有凉风，冬有雪。"如此，青春无需忧虑。

心灵体验

只因为青春无可挑剔的完美，所以在每一个人的心灵里都成了一份负担，生怕它有一丝一毫的衰减。其实，青春无需忧虑，即使青春终将落幕，届时在收获的欣喜中，你会开始更有魅力的一程。

放飞思维

1. 你对你的青春忧虑吗？谈一谈。
2. 怎样理解文章最后一段话的含义？

想 到 青 春

◆邹静之

腌制腊肉要烟熏火燎，要风要光，如果你想得到更多的滋味，必不可少地要加上些叹息和眼泪。

想到青春这个词时，它正在离我而去。

现在，一队高中生放学了，正从我的窗口走过。他们有很好的装束，有的叼着烟，一个男生搂着女生，其他几个独立走着。

我突然觉得青春于我从来就没有过，这不是说我16岁多就下乡了，不是这个意思，是觉得我感觉中的青春和他们的不一样。说这话，绝不是我想做一名说教者，从小到大我最讨厌这形象。

现在青春这个词的背后有很多我从来没有收到过的礼物。比如唇膏、耐克、沃克曼、万宝路、避孕药、皮衣、排行榜、杰克逊、金帝巧克力、休闲书包……一个进入青春驿站的人应该享乐，那些华美的杂志上也是这么说的，我看到一些题目叫"哗！青春大消费！"

忽然想起白居易写"野火烧不尽"时也就十几岁。觉得他跟此时相比就更没青春了,他们是读"子曰诗云"长大的,他们读"人之初,性本善……"从小就有广大的忧思,没有人把他们当成孩子,他们自己也不把自己当孩子看。

我不是一个及时行乐的反对者,我其实很想这样,但在努力地追踪后,套句歌词是"生活不是想像中的那样"。我特别怀疑那些靠写青春文字吃饭的人,他们是否真信那种烹饪甜点的秘方。就我认识的几位,他们的苦恼似乎不比我少。他们为什么要用华彩的丝绒罩住霉斑。

我偶尔捡起青春这个词时,特别想把它放在锅里煮一煮,但我找不到一只适合的锅,有些锅大概不想装杂七杂八的东西,它们高蹈地煮着一些岩石或化石,而另一些锅像天空中的蜃景,它们虚幻没有温度。

根本就不用担心,更不需要一种样板。腌制腊肉要烟熏火燎,要风要光,如果你想得到更多的滋味,必不可少地要加上些叹息和眼泪。糖这东西稍嫌易得了些,乏味了些。

实在没有资格来写这样的文字,应该让那些孤身一人走塔克拉玛干大沙漠的人来写才有力量。不过他们曾告诉给我,他们只知道生命这个词,青春是什么不知道。

心灵体验

"一样东西你只有失去了才觉着可贵。"作者在写作中始终暗含着这犹如真理一般的体会。在经历过人生风雨的洗礼之后,他开始对青春进行了一番反思,他在追寻着青春的真谛:青春是生命旅程的起点,这时候的你精力最旺,但切不可任意挥霍,因为前面还有更长的路等着你去走!

放飞思维

1.文中的"岩石或化石"指的是什么?"天空中的蜃景"又是指的什么?

2.文中的作者是如何让自己的青春变得丰富起来的?

3.你想到的青春会是怎样?

青年就是 GO

◆李祖芬

> 我觉得我在做一件最开心的事——最想做的事就是最开心的事。

有人说：假如你现在是 20 岁……

假如？为什么是假如？我是说，当我做事的时候，我不大会想到我不是 20 岁。

我做的事，其中一件是写文章。总有人问我每天什么时候写作？我说不知道。真的，我说不上来。去年 10 月住在大连写。可能写到凌晨 4 点，也可能凌晨 4 点醒过来爬起来写。没有生物钟，没有作息时间。冰箱里存上矿泉水、牛奶，渴了喝水，饿了喝奶。把沙发、茶几、座椅全搬到写字桌旁，好铺开我的采访笔记。一圈铺开的笔记把我和写字桌包抄过来，关进自筑的"围城"。然而思想在笔记堆里、在稿纸堆上跳跃，精神跟着我采访的故事跑。我觉得我在做一件最开心的事——最想做的事就是最开心的事。我在"围城"里写了一篇 9 万多字的文章，就叫《世界上什么事最开心》。

别人说，12 点以后工作伤身体，你又不是 20 岁的人，20 岁的人也不能一个多月天天这么"胡来"。我说太棒了，那我就比 20 岁还 20 岁。

我为什么要提醒自己不是 20 岁？为什么？如果经常提醒自己不是 20 岁，那还能有年轻的心态和年轻的眼睛和年轻的文字吗？我想写就写，不管是 12 点以后还是 20 岁以后。思想在自由的状态下，才能像太阳射在奔腾的大海上，浪花翻卷，霞光闪亮。

不写的时候，写累的时候，我买菜洗衣擦地，全都做不来但全都做起来，觉得在家务劳动中最能获得成就感——啊，菜买回来了，家里面包水果饼干什么吃的都有了！我喜欢做饭晾衣擦地全面施工，把所有的活计铺开，在几间屋里来回冲刺。好像灰姑娘拼命做那做不完的活，生怕继母从宫廷舞会上回来又要斥责她。

其实，我有不轻的这病和不重的那病。不过，我就想做自己想做的事，能做的事，该做的事。就不愿把自己放到医院里像翻烙饼似的查身体。在这个世界上，想一些别人想不到的事，想到了就去做，GO！那么，你总是 20 岁。

美国一本青年杂志叫《GO!》。青年么，想到了就去做，不犹豫不耽搁不前思后想不前怕后怕，青年就是 GO！

可能做错，可能做了未必该做的。但是无暇后悔，更无暇忏悔。晃晃脑袋，把逗留在脑门上的头绪全给它甩出去。迈开脚,这就去做下一件事,GO!

那么,我们都是 20 岁。

心灵体验

"青年就是 GO",这是一句多么简洁明了、多么豪气十足的宣言。它告诉你,青春不只属于年轻人,它属于所有充满激情,心态年轻的人。

作者不是靠着华丽的词藻来渲染青春的光彩,她用最朴素的语言,最朴素的叙事——写作、买菜、洗衣、擦地来抒写自己自由的意志。她也没有过多地搜寻漂亮贴切的意象去修饰青春,简简单单的一个"GO"字,贯穿全文,勾勒出蓬勃的生命力和不亚于青年的热情与洒脱。

放飞思维

1. 你觉得青年应该是什么?
2. "当我做事的时候,我不大会想到我不是 20 岁。"你怎样理解这句话?

走过青春驿站

◆陈大明

青春只是人生旅途中一个小小的驿站,没有执勤人员,没有售票处,没有站名。不经意地驶进,不经意地驶出。驶出驿站,便是选择,选择早已在驿站中酿熟。

一首诗,朦胧得离奇,灿烂得耀眼;一缕风,清新得心醉,飘驰得惊人。

眨眼之间,青春便溜走很远很远。

脚步走过,天空没留下什么;青春走过,额头留下皱纹。试着用心情熨平无数额头上的皱纹,结果心叶也印上了岁月的痕迹。心慌意乱之际,驻足等待,青春却早已踏上前进的列车,毫不领情地独自远行。

等待青春只能等待皱纹的蔓延,等待青春只能等待岁月的唾弃与白眼。

青春只是人生旅途中一个小小的驿站,没有执勤人员,没有售票处,没有站名。不经意地驶进,不经意地驶出。驶出驿站,便是选择,选择早已在驿站中酿熟。

奋斗者自潇洒,穿过驿站,撒一把汗水,精神抖擞地驶向下一个驿站;懦弱者当唾弃,穿过驿站,留恋站前那段风景,十字路口泪流满面徘徊不知前往何方。

汗,青春的营养物质,青春因汗水浸泡而显丰盈饱满;泪,青春的溶剂,青春被溶解而稀释,稀释的青春被溶剂分解得只剩下一副刚强不屈的身躯。

走过驿站的人说青春难以忘怀;面对驿站的人说青春难以读懂。其实,青春只是一杯酒,越饮越醇厚;青春只是一张白纸,越画越深妙。

青春是一位公平家,普天下之人都有青春。白痴认为它贱,随意浪费,自己也就永远是白痴;勇士认为它真,时刻追求奋斗,自己也就永远是勇士。

面对青春,撒一把汗水,挺起胸膛走过驿站——

前面又是一片朗朗的天!

心灵体验　　青春是人生旅途中一个小小的驿站,青春的营养物质是汗水,而对青春,撒一把汗水,挺起胸膛走过驿站——前面又是一片朗朗的天!

放飞思维　　1."汗,青春的营养物质,青春因汗水浸泡而显丰盈饱满;泪,青春的溶剂,青春被溶解而稀释,稀释的青春被溶剂分解得只剩下一副刚强不屈的身躯。"你如何理解这段话的含义?

2.读完本文后,对你有什么启示?

我的青春小鸟一去不回来

◆白　桦

它的飞去,意味着一个生命的死灭。事后多年我才悟到:小麻雀飞去的那一瞬,我的青春也飞去了。

偶然在大街上听见一个年轻人哼着一句很耳熟的歌,那句歌词是:我的青春小鸟一去不回来……他反复地哼着这句歌,用那种慵懒、模糊而又无奈的腔调哼着,却引起了我的认真思索:青春怎么会和小鸟连在一起呢?青春是小鸟?像小鸟?还是像小鸟一样一去不回呢?我越想越觉得贴切,青春的确是生着翅膀,不断地鸣唱,而且一去就再也不回来了。

我的青春小鸟呢?

我的青春小鸟一去不回来……

1958年,北京的春天被风沙扰得灰蒙蒙的。我好多天都蜷卧在一间阴暗的小屋里,不吃不喝,不言不语,甚至也不思不想。经历了1957年暴风骤雨的夏天,萧瑟肃杀的秋天和风雪咆哮的冬天,我太疲倦了。几天前,最后的判决终于下达,戴上"资产阶级右派分子"的帽子。只是轻轻一击,我就倒下了。当时我还远远没认识到这一击之后的灾难是何等的惨重!仅仅是被排斥在公众生活之外的羞辱就够承受了。理想主义者最大的痛苦莫过于被理想所抛弃。那时,我的小窗外正是一片喧闹的世界,全体中国人都在热火朝天、意气风发地消灭四害,四害即:麻雀、老鼠、苍蝇、蚊子。数消灭麻雀的声势最大,每一平方米的田野,包括所有的房顶上都站着摇旗呐喊、击鼓鸣锣的人。人人把弹弓、鸟枪、弓箭以至步枪、机枪都拿出来了。一个全民向麻雀宣战的战争在广阔的土地上展开了。麻雀们只能在空中飞来飞去,不是被打死,就是被吓死、累死。北京当然也不例外,一位小脚老太太此刻正在我的房顶上,吆喝着恐吓麻雀,把瓦片踩得"咔吧咔吧"响。我真怕她一脚踏空,从房顶上跌落在我的身上。

"噗"地一声响,窗缝里硬是挤进来一只失魂落魄的麻雀,把我吓了一跳。并不是因为麻雀可怕,可怕的是这种尴尬场面。因为我们是同类,开始它也许以为这是个空屋,兀地发现了我,很自然把我当做有权利、有能力置它于死地的人。它立即狂叫着飞起来,扑打着每一面墙,想冲破一个洞钻进去。它的努力当然是徒劳的。落得个头破血流,筋疲力尽。之后,它只好认命,蹲在窗前那张破桌子上,不住地颤抖,偏着小脑袋,用它那双乌亮的小眼睛注视着我。可能它已看出我的目光和它的目光很相似:恐惧、迷惑——它渐渐安定下来,乞怜地小声叫着。忽然我想到:对它,我该怎么办?这是个严重而紧迫的问题。把这个逃犯抓住交上去?想想,如果我这样做,似乎不太光彩,这不是不折不扣讨好、出卖吗?它所以能渐渐安静下来,不就是因为它对我这个人形的动物的善良本性开始有了点儿信任吗!不!我不能这么做。可以想见,当我双手抓住一个可怜巴巴的弱者,腆着脸凑到那些不愿正眼看你的人面前,一副软塌塌的媚骨,活脱一个令人作呕的卑鄙小人。那么,是不是应该打开窗门,把它轰出去,死活不管?可我明明知道,一旦出了这间小屋,它的结局是:上天无路,入地无门,被追逐得心碎胆裂、坠地而死。不!也不能这么做。再说,眼前的小麻雀不就是我吗?把它轰出这间屋的念头一出现,我就想到我自己，不知道哪个时辰，就会被赶出这间屋。我实在不能在这个时辰到来之前，做一次角色颠倒的演习。可我能收养它吗？偷偷地把它藏在抽屉里，喂它几颗饭粒，再放它远走高飞？不！这也是办不到的。一个连自己都庇护不了、随时将被流放的生命，怎么能庇护得了另一濒危的生命呢？而且它会在抽屉里因为黑暗、因为感激、因为寂寞、因为疼痛、因为庆幸，或是因为宽慰我而放声歌唱起来，被人听见，那可了不得。曾几何时，我是一个多么明快的人啊！敢想、敢做、敢说，而且敢当，如今怎么会变得优柔寡断了呢？我和小麻雀四目相向，我不停地叹息，它不停地哀鸣，苦无良策。不知不觉过了半日，就在下午2时25分的时候，我和它的命运同地发生了急转直下的突变。"砰"地一声响，房门被一只理直气壮的脚踢开了。小麻雀比我灵敏，立即振翅飞起，夺门而出。这时，我才逆着门外的强光看清来客，那位来客正是宣布我未来去向的人。

"那是什么？"他问我，我没有回答。

我知道他指的是从他头上冲出去的麻雀，也知道他没看清，乖巧的小麻雀没有叫。他也许以为是一只蝙蝠，蝙蝠不在被消灭之列。或许他以为是一只燕子，燕子也不在被消灭之列，但在这场麻雀的劫数中，燕子也几近灭绝了。小麻雀突然受惊飞去，我似乎得到了解脱，它的死不是由于我的出卖，也不是由于我怕连累，而完全是由于一个非常事件……而且它在我眼前消逝的时候，是一个活泼、会展翅飞翔的生命。它的飞去，意味着一个生命的死灭。紧接着我也被赶出那间小屋，赶出北京。事后多年我才悟到：小麻雀飞去的那一瞬，我的青春也飞去了。

啊！我的青春小鸟一去不回来，我的青春小鸟一去不回来……

心灵体验

很少有关于青春的散文写得这般沉重和压抑。人们常说："有感而发。"作者创作的情感基调正是源于此时此地的处境和独特心情。

作者在当时的痛苦无奈是可想而知的，他对自己的现状感到分外痛心，更担心自己的前途。文章的字里行间流露出的苦楚让我们真正领会到什么叫做"切肤之痛"。

放飞思维

1.文中作者说青春是什么？
2.作者为什么说"我的青春小鸟一去不回来……"？

才知道青春

◆蒋 芸

> 虽然青春不知道那些梦，也许还不曾真正做过
> 梦，等到过了青春，才知道清醒果然是更深沉的梦。

才知道青春，原来是这样凄凉的岁月，等到过了青春。

才知道青春是不知所以的凄凉与忧伤，连快乐的时候也是这样的；才知道青春，青春是日月的蹂躏，是不知所以，也没有目的的徘徊。

青春是一切的不自知，等到过了青春，才知道这等待与徘徊，不过是等待着过了青春。

才知道青春，不是春花的脸，不是初恋的心；青春是摇曳着的烛火下，看不真切的脸和心；青春是烛火下点点滴滴的泪。啊！青春。

才知道青春的祝福，不是馨香祝祷的慎重；青春以为不需祝福，等到过了青春，才知道以后寂寞的路，不能浪掷着祝福。

才知道青春是泪，是不断的扑向、扑向；扑向着的恋情，青春的扑向，仿佛有过不完的岁月，等到过了青春，才知道伸出来，只能扑向着空中，剩那一声：啊！青春。

才知道青春是冷雨打着窗子；青春时的雨是摇晃着即将溢出的泪，然而青春不知，青春只知没有寒意的冷雨与泪的欢喜，青春是无知的。

才知道青春的爱，是这样的一阵阵，是一阵阵的不知所以然；等到过了青春，才知道，那不是爱，是为了拥抱住那分明知道的青春。

然而，我怎么能说青春不是微笑？青春的微笑曾像快速闪过的镜头，接跳着闪过；青春的微笑，不是幸福，是以为的幸福，是等待的幸福；等到过了青春，青春是不知道辛苦的度过岁月。

才知道青春，是一个不可能的梦；等到过了青春，才知道梦的永不可能；等到过了青春，才知道重回青春更是永远不可能的事；虽然青春不知道那些梦，也许还不曾真正做过梦，等到过了青春，才知道清醒果然是更深沉的梦。

青春是燃起的那一支烟；等到过了青春，烟火仍未按熄，仍有烟火的形状，但那余烬啊，经不起一吹一震，才知道青春，是强说愁；等到过了青春是强自压抑的愁，是大笑后停顿的一刹那，啊青春，等到过了青春，才知道……

心灵体验　这篇散文语言凝练、精巧,几乎每句都以"才知道青春"为首,形成诗的结构和反复咏叹的韵律;情感上,则是直抒胸臆,表达了作者对青春的理性思索。

放飞思维　1.作者才知道的青春是什么?
2."然而,我怎么能说青春不是微笑?……"这段在文中起什么作用?

幽默是青春的伴侣

◆刘兆林

幽默对于每个人都是一种才能、一种财富,一种灵气、一种生命力,一种质量、一种人生境界。

青春是万能的礼物,没谁不乐意接纳它,而且都不会嫌多。幽默则可与青春等价,半斤幽默换八两青春绝对公平。这样比喻也许过于俗气了,若把青春和幽默看成一对情侣大概就比较贴切。两者是互相吸引、形影相随、相得益彰,自愿为侣的,它们意气相投、品性一致、相互有情,是最匹配的一对儿。

青春使人兴奋使人激动使人欢悦使人愉快使人温馨使人充满活力与希望;幽默何尝不令人活泼欢快不令人轻松自如不令人温暖发笑而对生活充满了热情呢?

幽默可以让人化紧张为轻松化愁苦为欢愉化尴尬为自然化被动为主动化老气为青春……化泣为笑,哪样不是促人年轻叫人焕发朝气的。幽默让人永葆青春,不然卓别林、马克·吐温、阿凡提、济公不会连少年儿童都认为是他们的朋友。如果年轻人具备了幽默感的话,他就可年轻得成熟,成为大度而完美的青年。

而一个正值青春时代的年轻人,他总是不苟言笑、刻板呆滞、眉头紧锁,说话办事都那样严肃冷漠,不要说幽默,连句笑话也不会说,人们难道不说他老气横秋、小大人、小老头吗?

幽默使人笑(而笑是人与人之间最短的距离)。但幽默产生的笑只不过是一种手段,笑后还让人思考。这不同于笑话,笑话就是让人笑,笑完拉倒,笑就是目的。幽默感则是化解隔膜缩短两人之间距离的最便宜的药剂。

幽默不是玩笑人生。轻松地嘲笑死亡，是让人们更珍惜生命的价值。让人于幽默中常笑，生活的严肃性也不会消失。幽默是让老人年轻让青少年成熟的既浅显又深刻既通俗又高雅的人生艺术。怪不得有人说没有幽默感的人就像没有弹簧的马车，路上的每块石头都会对他造成颠簸呢。幽默这人生之车的弹簧会帮我们在人生之路上太紧张时松弛一下，太松弛时又紧张一下，是保佑我们一路平安的好助手啊。

幽默对于每个人都是一种才能、一种财富，一种灵气、一种生命力，一种质量、一种人生境界。幽默的素质既是天生的又是可以学来的，一点点学习，一点点运用，在学习和运用中逐渐培养。这不同于学数学掌握一个公式就能运用，须于天长日久中领会幽默的神质加以吸收，使幽默的细胞不断增长，最后成长为你人格中的一个不可分割的部分。生活中，那些言谈举止自然轻松，往往能一两句话化解紧张气氛尴尬局面，我们就说这种人有幽默感。幽默感实在是处世的艺术。如能看破人极其严酷的一面，自然才能以轻松的态度应付人生。幽默感是这种轻松处世态度的流露。

如果我们具有了幽默感，就等于办了一份生活的安全保险。青春焕发的年轻朋友们，想想吧，当你深爱着的女友误会了你，严肃提出分手时，你幽默地说："我一点儿都没想到你会提出分手，但因我爱你，不能不尊重你的意见，那么就暂时分一下手吧！分手前是不是得握握手啊，好道声再见！"这样分手后，待她把误会弄清了会主动来赔礼道歉的。而你若按不住气愤大骂两句，或比她还严肃地说几句伤害对方的话，也许真的就彻底分手了。再如，当你与领导或同事产生隔膜，好长时间不说话而想说话时，不妨也用幽默的润滑剂这样抹一抹："我这个人连牛都不如哇！你们就当我是牛呗，对我弹弹琴，没准我能听懂呢！"也许从这句话开始就说话了呢。自嘲是很有力量的幽默。当年，中苏两位共产党领导人周恩来和赫鲁晓夫见面时，赫讽刺周说："久仰大名，听说你出身资本家家庭，哈哈，我就寒酸了，工人出身！"周幽默地一笑说："惭愧惭愧，我们都背叛了自己的出身！"一下子变被动为主动。某国法庭给一个骂"国王是个大傻瓜"的人判成诬陷国王罪，正直的律师说："不，还应罪加一等，他还犯有泄露国家机密罪！"律师的幽默多么有力量，承认国王就是大傻瓜而法庭又拿他没办法。

我十分喜欢幽默，总觉得与幽默为友可使虽不年轻的自己常与青春做伴。祝愿朋友们都寻一个幽默来做伴吧。

心灵体验

青春使人兴奋使人激动使人欢悦使人愉快使人温馨使人充满活力与希望。而幽默对于每个人都是一种才能，一种财富，一种灵气,一种生命力,一种质量,一种人生境界。惟其如此,幽默是青春的好伴侣。

1.为什么说"幽默是青春的伴侣"?

2.本文在结构上有什么特点?

3.在你的生活中,你经常使用幽默吗?谈一谈它的好处。

青　春

◆杨向明

真正的青春啊,它是一种坚强的意志,是一种想像力的高品位,是感情的充沛饱满,是生命之泉的清澈常新。

太平洋战争打得正酣之时,麦克阿瑟将军常常从繁忙中抬起头,注视着挂在墙上的镜框,镜框里是篇文章,名为《青春》。这篇文章一直伴随着他,也跟着他到了日本。后来,日本人在东京的美军总部发现了它,《青春》便开始在日本流传。

一位资深的日本问题观察家说,在日本实业界,只要有成就者,没有哪一个不熟知不应用这篇美文的,就连松下电器的创始人松下幸之助几十年来也把《青春》当做他的座右铭。

还有这么一件趣事,足以证明《青春》在日本的魅力。一天,美国影片销售协会主席罗森菲尔德参加日本实业界的聚会,晚宴之前的谈话,他随意说了一句:"《青春》的作者,便是我的祖父。"在座的各位实业界领袖大为惊讶,其中有一位一边激动地说"我一直随身带着它呢",一边从口袋里掏出了《青春》。

《青春》是怎样的一篇文章,它怎就这么神奇?我一直寻求着《青春》,最后在Reading(《阅读》)上找到了它——Youth。我试着作了如下翻译——

人生匆匆,青春不是易逝的一段。青春应是一种永恒的心态。满脸红光,嘴唇红润,腿脚灵活,这些并不是青春的全部。真正的青春啊,它是一种坚强的意志,是一种想像力的高品位,是感情的充沛饱满,是生命之泉的清澈常新。

青春意味着勇敢战胜怯弱,青春意味着进取战胜安逸。年月的轮回就一定导致衰老吗?要知道呵,老态龙钟是因为放弃了理想的追求。

无情的岁月的流逝,留下了深深的皱纹,而热忱的丧失,会在深处打下烙印。焦虑、恐惧、自卑,终会使心情沮丧,意志消亡。

60岁也罢,16岁也罢,每个人的心田都应保持着不泯的意志,去探索新鲜的事物,去追求人生的乐趣。我们的心中都应有座无线电台,只要不断地接受来自人类和上帝的美感、希望、勇气和力量,我们就会永葆青春。倘若你收起天线,使自己的心灵蒙上玩世不恭的霜雪和悲观厌世的冰凌,即使你年方二十,你已垂垂老矣;倘若你已经八十高龄,临于辞世,若竖立天线去收听乐观进取的电波,你仍会青春焕发。

末了,我们不能忘记作家塞缪尔·厄尔曼,他1840年生于德国,童年移居美国,参加过"南北战争";他是五金制造商,他所热衷的公益事业在他死后半个多世纪还在继续;最近,他的一部书在日本的版税达3万多美元,后人以他喜爱的方式全部捐给亚拉巴马州大学作为奖学金基金。有谁能说,这不是青春的光彩、永恒的青春呢?

心灵体验　　人生匆匆,青春不是易逝的一段。青春应是一种永恒的心态。满脸红光,嘴唇红润,腿脚灵活,这些并不是青春的全部。真正的青春啊,它是一种坚强的意志,是一种想像力的高品位,是感情的充沛饱满,是生命之泉的清澈常新。

放飞思维　　1.塞缪尔·厄尔曼的《青春》一文被麦克阿瑟、松下幸之助等人视为座右铭,其"神奇"之处在哪里?

2.根据文章意思,请回答:什么是青春?

3.读了这篇短文后,你有什么想法呢?

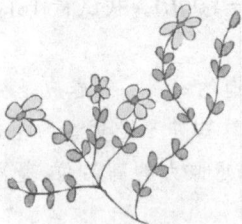

情感是一把伞，有一天，你把伞打开，却发现，已收不拢那处撑开的世界。相爱和失恋的感觉是恋人们常喝的两杯酒，狂热和偏执会让自己的心灵扭伤。

爱是没有条件的，但要付出代价。可付出一片真心，未必就一定收获一腔爱恋，因为爱绝不是用容器或算式可以衡量换算的。爱情永远是个不等式。

情感是一把伞

你会不会守着我远去的背影

静静地等待

我转身回眸的目光

我的生命本是流浪

但有你的存在

我就相信了地老天荒

留下来和你一起

看天边的夕阳

生命如雨

◆晓 茸

生命有时就如一场雨,看似美丽,但更多的时候,你得忍受那些寒冷和潮湿,那些无奈与寂寞,并且以晴日的幻想度日。当没有阳光时,你自己便是阳光,没有快乐时,你自己便是快乐!

那一年,高考失败后的我一个人来到远离故乡的一个多雨的江南小城复读。寒秋的雨将一颗心凋零得斑驳沧桑,以为生命中从此无歌亦无梦。

那时,我结识了昕,那个让我在多年后的今天,忆起来依旧有种温暖如初感觉的男孩子。

我们那时的座位是按考试名次排的,惨不忍睹的成绩注定我只能坐在后几排没人注意的角落里。就在那时,刚从外地转学来的昕暂时成了我的同桌。

又是一个雨天,眼睛本来就近视的我眼前一片模糊。我揉着酸痛的眼睛,心里阵阵伤感,为着不争气的成绩。我装着低头看书的样子掩饰自己的脆弱。低头的那一瞬,昕把他那记得清爽整齐的笔记本推到了我面前,而眼中那一滴涌动已久的泪,终于永远地落在了昕的笔记本上。

那以后,每天放学,昕都悄悄地把笔记本递给我。我一直相信昕是个极优秀的男孩子,悟性极高的他本不需将老师的笔记完全翻版一遍。我们虽然很少交谈什么,可我知道,他是第一个走进我生命的男孩子。

期中考试后,昕以第一名的成绩坐在了前排,而我依旧在后几排徘徊。而每天放学,昕跨过几排座位,依旧递给我笔记,有时是几本复习资料。他依旧是浅浅的笑便无语走开。

现在回忆起来,那段活在关心与感动中的日子竟是今生以来最美的时光。心情不再忧郁,功课也渐渐好起来。可后来的一次月考中,数学不慎考得差极了。那天下午,我第一次旷了课,一个人近乎疯狂地在雨中奔跑,感觉自己就像寒风里守候叶子的小鸟一样无依无助。回到寝室后,室友递给我昕的笔记,打开时,一张纸条跃入眼帘:"生命有时就如一场雨,看似美丽,但更多的时候,你得忍受那些寒冷和潮湿,那些无奈与寂寞,并且以晴日的幻想度日。当没有阳光时,你自己便是阳光,没有快乐时,你自己便是快乐!"一颗心顿时澄澈了许多,双眸也因这雨季而涨满温柔的泪水。

生命如雨。望着纸条,很茫然心痛那一刻,我相信生命是一种绝对的真挚与宽容。

半年后,当我收到大学录取通知书时,再取出那张纸条,"生命如雨",有种痛楚和温柔渗透在一起的感觉在那一刻涌上心头。感谢昕,在我生命中最无助的时光里,给了我不仅是鼓励与安慰,更是足以延续一生一世的支持。

心灵体验

文章描绘了一份非常纯真而又美丽的中学生情感故事。昕是许多女孩子心目中的白马王子,成绩优秀,乐于助人,尤其是帮助成绩不好的"我"。这篇文章文笔优美,情感细腻,它非常适合中学生阅读,所以它是一篇中学生的文章。

放飞思维

1. 你怎样理解"生命有时就如一场雨,看似美丽,但更多的时候,你得忍受那些寒冷和潮湿,那些无奈与寂寞,并且以晴日的幻想度日。当没有阳光时,你自己便是阳光,没有快乐时,你自己便是快乐"这段话的含义。

2. 读完这篇文章后,你有什么感想,请写一写。

暗恋时代的墨水笔

◆王冰清

她甚至想,男孩当初送给她这支笔是不是就是为了告诉她,墨水终有一天会写尽,如同皮皮的暗恋时代终有一天会结束,也如同他们终有一天会分离。

皮皮有一支墨水笔,她从来也不舍得用。

墨水笔来自一个男孩——他在皮皮生日的时候把它送给了皮皮。当时皮皮正处在一个迷迷糊糊的时期,暗恋中的女孩常是这个样子的。

皮皮的暗恋,起始于刚认识他的时候,原因不详,属于那种莫名其妙就像掉进了棉花堆——怎么着也找不到方向了。皮皮总是在她力所能及的范围之内注视着他的一举一动,寻找各种机会在路上遇到他。当然,他们的交往还是十分有限,交情似乎也并不深,这多么让皮皮感到失望。而惟一能令她欣慰的是,每个星期三,皮皮都会轮到和他一起在熄灯后检查纪律,这一点点快乐和幸福的时间令她留恋,所以这便成了皮皮一个星期中最盼望的时刻。但是每次到这个时候她都会激动万分以至于说起话来语无伦次。

快到皮皮的生日了,她想让男孩知道。并不是指望他会有什么祝福的话或是礼物,甚至也不能指望他会记在心上——这样一个小小的愿望,也不需要追究太多的原因。皮皮决定满足自己。

于是,在检查中,皮皮清楚地记得走到二楼的时候,她故意说起了星座的话题。终于,男孩问:"皮皮,什么时候生日?"

"5月11日。"

"就是下星期三,挺巧的呀。"

皮皮暗笑,当然巧啦。

下个星期三,检查还没开始,男孩递给皮皮一个黑色的盒子,并说:"生日快乐!"皮皮当然感动得直想哭,但是当着他的面这样失态当然是绝不允许的,于是她说:"谢谢你。"回想起来可能连声音都有点儿打颤。

那天的检查,皮皮紧紧攥着那个黑盒子,跟在值班老师和男孩的后面,走得很慢很慢。慢一点儿再慢一点儿,她心里想着,如果这检查的路没有尽头,该多好啊!

但检查还是很快结束了,皮皮回到寝室躺在床上,在黑暗中凝视着这个盒子,许久许久,终于找出电筒灯打开来看——黑色的丝绒衬着一支蓝色的墨水笔,似乎没什么特别,可皮皮觉得它漂亮得无与伦比,她又感动得几乎要哭了——"他送给我的呀!"

皮皮很快发现,这支笔的墨水笔芯十分奇特,在市场商店里根本买不到可以配得上去的替芯,换句话说,一旦现在笔里的墨水用完,这支笔就算报废了。这么珍贵的一支笔,皮皮怎么舍得用呢?她把这支只划了两条线迹做试验的墨水笔又装进盒子珍藏起来,只偶尔拿出来看看,每看一次就感动万分。

张爱玲曾经说过,对于中年、老年人来说,十年八年好像是一闪而过,而对于年轻人来说,三年五年甚至更短的时间就像一生一世那么长久了。她说得没错。第二年桃花再开的时候,对于皮皮来说已经过去很久很久了。她仍然珍藏着那支笔,也仍然舍不得用它,却始终没有说出她的心事——当她喜欢上他的那一刻起她就发誓,不论发生什么,这都是一场暗恋。

这么久以来,皮皮一直觉得他是知道她的心思的,同时她又觉察到,尽管他待她友善而和蔼,但并不是喜欢她。这些都是皮皮的直觉,皮皮认为她没理由不相信自己的直觉。或许这也是原因之一,总之,皮皮的确做到了,并没有违背当初的誓言:这自始至终都只是一场暗恋。

再后来,皮皮回忆起过去的事情,感觉到的却是恍如隔世。有一种东西,或许是忙碌,神神秘秘地磨去了消融了皮皮的心事,那些为他痴迷的日子似乎是一去不复返了。而那些感觉那些激动万分语无伦次那些曾经真真实实存在的东西,却都像是开在梦里的花儿——再也触摸不到了。

皮皮和男孩还是朋友,甚至比以前更好些,碰到了就聊聊天,男孩也永远如那天递给皮皮盒子时那样友善和蔼,但星期三夜里的纪律检查却换了搭档了。

到这个时候,皮皮再一次打开这个黑色的盒子,她终于明白了许多,她甚至想,男孩当初送给她这支笔是不是就是为了告诉她,墨水终有一天会写尽,如同皮皮的暗恋时代终有一天会结束,也如同他们终有一天会分离。

于是皮皮扔掉了黑色的盒子,把蓝色的墨水笔放进了铅笔盒里,她现在一直用着它,尽管她知道墨水很快就要用完了。

心灵体验

皮皮莫名其妙地就找不着方向了。她总是寻找一切与他相遇的机会,给他暗示,希望得到他的生日礼物……当一切如她所愿,而后又一去不复返,她才终于明白了那墨水笔的真正内涵。文章结构精巧,情节曲折,特别是对暗恋之中少男少女内心情感的刻画惟妙惟肖,极见功力。

放飞思维

1．"皮皮很快发现,这支笔的墨水笔芯十分奇特,在市场商店里根本买不到可以配得上去的替芯,换句话说,一旦现在笔里的墨水用完,这支笔就算报废了。这么珍贵的一支笔,皮皮怎么舍得用呢?她把这支只划了两条线迹做试验的墨水笔又装进盒子珍藏起来,只偶尔拿出来看看,每看一次就感动万分。"这一段话在文中起什么作用?

2．找出文中描写皮皮内心情感的句子(两处)。

3．文中开头说"皮皮有一只墨水笔,她从来也不舍得用",后结尾又说:"皮皮扔掉了黑色的盒子,把蓝色的墨水笔放进了铅笔盒里,她现在一直用着它,尽管她知道墨水很快就要用完。"你是如何理解的?

心上的草

◆刘心武

看见过质量上乘的足球场吗？那绿草构成一袭地毯，任足球健儿在其上驰骋竞争。青春的心草，当如那绿茵场般既美丽又齐整，既柔软又坚韧。

青春期萌动来临了！

那标志，便是心上长草。

心窝里痒痒的。注意力不集中了。常被老师、家长窥破，有的老师便大有"恶竹应须斩万竿"的架势，有的家长也不禁惶惶然只想往那长草的心上泼滚烫的碱水。但那心上的嫩草芽儿并不是"恶竹"，亦非蛆虫，它是"野火烧不尽，春风吹又生"的！

也有自我悚然的。女孩子尤其容易自惊自咋："我这是怎么了？"

竟有一种犯罪感滋生。

然而青春无罪。

心上的春草，倘从未出生过，那即使不是一个有疾患的人，至少也是一个怪人。伟人们大体也是"打小这么着过来的"。

心上的草，倘任其乱生，最后蓬蓬然、森森然，以至失却了萋萋青翠、淡淡雅香，纠结、芜秽、枯黄、腐臭，那当然很糟糕，不过，绝大多数正常的少男少女，他们心上的草是不会乱长到那般地步的。

心上滋出嫩草芽儿，预告着人生进入了一个既神秘莫测又乐趣无穷的阶段。啊，原来男的跟女的真是有着重大不同的两种人；原来人的眼光里还有那么多只能意会而不能用语言和文字解释清楚的信息；原来长辈们之间有着那么多隐蔽而深刻的矛盾冲突；原来长大成人投入社会真有点儿像还没学会游泳就硬被人推进了河里；原来世界竟如此之大人类竟如此之复杂；原来那些崇拜了好久的明星作为一个俗人也不过尔尔；原来某些听腻了的训诫还真有些用处，相反的是原来某些以为是不可撼动的说辞现在竟被证明是相当地可笑；原来我最闹不清楚的倒是我自己；原来一个人会遇上即使是最亲近的人比如爸爸妈妈也不能告知的境况，得全凭自己去探险……

心上的草，需要和风梳理，需要柔剪刈除，不要怕剪而复生，亦不能任其疯长狂蹿。看见过质量上乘的足球场吗？那绿草构成一袭地毯，任足球健儿在其上驰骋竞争。青春的心草,当如那绿茵场般既美丽又齐整,既柔软又坚韧。

心灵体验　　这是一篇写青春期少男少女心灵萌动的小文,干净,明快,语言优美。心上的草,需要和风梳理,需要柔剪刈除,不要怕剪而复生,亦不能任其疯长狂蹿。

放飞思维　　1.文中"心上的草"指的是什么?

2.如何理解"心上的草,需要和风梳理,需要柔剪刈除,不要怕剪而复生,亦不能任其疯长狂蹿"?

第100封信

◆汤敏飞

> 已做好了嫁衣,在你的第100封信来的时候,
> 我就做你的新娘。

有位小伙子爱上了一位美丽的姑娘。他壮着胆子给姑娘写了一封求爱信。没几天她给他回了一封奇怪的信。这封信的封面上署有姑娘的名字,可信封内却空无一物。小伙子感到奇怪:如果是接受,那就明确提出;如果不接受,也可以明确说出,干吗干脆不回信?

小伙子鼓足信心,日复一日地给姑娘写信,而姑娘照样寄来一封又一封的无字信。一年之后,小伙子寄出了整整99封信,也收到了99封回信。小伙子拆开前98封回信,全是空信封。对第99封回信,小伙子没有拆开它,他再也不敢抱任何希望。他心灰意冷地把那第99封回信放在一个精致的木匣中,从此不再给姑娘写信。

两年后,小伙子和另外一位姑娘结婚了。新婚不久,妻子在一次清理家什时,偶然翻出了木匣中的那封信,好奇地拆开一看,里面的信纸上面写着:已做好了嫁衣,在你的第100封信来的时候,我就做你的新娘。

当夜,已为人夫的小伙子爬上摩天大厦的楼顶,手捧着99封回信,望着万家灯火的美丽城市,不觉间已是潸然泪下。

心灵体验

每个人都尝过苦涩的滋味,但并不是每一个人都能等到甘甜的那一天。99次希望,98次失望,差了一次,便算不上锲而不舍了,因为你心灵的底层总是害怕失败。你连再尝试一次的勇气都没有,成功怎么会青睐你呢?所以,当你失败了99次,请你做第100次尝试;假如你失败了100次,请开始101次努力。

放飞思维

1.题目为什么叫"第100封信"?说明了一个什么道理?

2.如何理解"当夜,已为人夫的小伙子爬上摩天大厦的楼顶,手捧着99封回信,望着万家灯火的美丽城市,不觉间已是潸然泪下"?

蝴 蝶 发 夹

◆郑业雄

女孩停下脚步细细地打量许久,才发现那棵树其实已是一幅很残破的风景。

男孩又看见了那个女孩。如同以往一样,女孩的斑斓服饰在夕阳的余晖里光彩照人,如一只五彩蝴蝶轻轻飞过校园那片刚盛开的金菊,向男孩那边飞来。

四目相碰,不禁发现彼此的眸子正被夕阳映得火亮,男孩于是心头一紧,赶紧垂直眼睑,脸上一片绯红。

女孩淡淡一笑,轻轻从少年身边走过。

不远处是一级一级低下去的石阶,一共有三级,女孩双手微微一摇晃,轻轻一跃,便如蝴蝶般地跳下那石阶。在极短的一瞬间,一个小玩意儿从女孩头上掉落到地上,发出一声脆响。

男孩走上去,弯下腰小心地捡起来,是一个蝴蝶形状的发夹,火红的颜色。

"喂——"男孩喊住女孩。女孩转过头,"你的发夹掉了。"男孩憋红了脸。女孩用手摸了摸发夹,然后笑笑说:"你要是喜欢就留着吧。"

男孩就拥有那发夹了。

男孩一个人的时候,总是偷偷拿出那个发夹,翻来覆去地看,还不时放到鼻子下面嗅嗅。红红的蝴蝶，带着一股淡淡的香味。

这就是蝴蝶结了吧，男孩知道这不是，但是男孩就爱这么想。蝴蝶结是男孩在一首歌里听到的名词，那歌唱道：红红的蝴蝶结哟……

男孩每天放学的时候，老爱站在校道旁的那棵树下，斜斜地倚着树干，等那只美丽的"蝴蝶"飞过。那是一个美丽的秋天，树上黄黄的叶子正一片一片地往下落。女孩还没来的时候，男孩的心就会被揪得很紧。每当心被揪紧了，男孩就仰起头，一片一片地数树上发黄的叶子。

那天刚下过一场雨，深秋的天气更加寒冷。男孩倚着湿漉漉的树干，仰头望树。那树已没有一片叶子了，只剩下光秃秃的树枝，上面沾着几滴晶莹的水珠，男孩的心里充满了伤感。

女孩和以往一样走来，和以往一样看了男孩一眼。

女孩在石级前站定，双腿微屈，于是女孩又成了那蝴蝶。蝴蝶微振双翅，优美地起飞。

"啊！"惊呼出自女孩之口，男孩恍惚间看见一只手表从女孩的手腕上脱飞开去，划一道弧线，没入不远处的水洼里。男孩卸下肩头的书包，向前走去。

结果是可想而知的，男孩把那只手表神圣地递给女孩。手表已被黄黄的泥水掩去了光泽，男孩的手臂也正向下淌着污水。

女孩感到很恶心，撇撇嘴说道："扔了它吧。"

男孩怔了怔，怀疑地问："干吗要扔呢？你看这针还在转哩。"

女孩扑闪着那美丽的大眼睛说："太脏了！"

"洗洗就干净了。"男孩说着转头努力四顾，寻找水龙头。

女孩摇摇头："我回家跟我爸说一声，就会有一只更新更好的了，干吗费那劲儿呢？"末了女孩又说，"你要是喜欢，就留着它吧。"女孩说完就走。

那雨不知什么时候又下起来了，斜斜细细地交织在女孩离去的方向。男孩忽然想起，冬天快到了，怎么还能看见蝴蝶呢？

女孩第二天傍晚在老地方没有见到男孩。女孩停下脚步细细地打量许久，才发现那棵树其实已是一幅很残破的风景。

不久，学校阅报栏里贴了一则招领启事：无名同学捡到发夹、手表各一，请失主速来认领。

女孩拨开人群，发现男孩也站在阅报栏前。男孩看见女孩，什么也没说，转身走了。那天男孩穿的仍是一身平常衣服，奇怪的是，男孩的身影却飘然如蝶……

本文讲述了一个男孩两次捡女孩的东西，但两次的感觉截然相反，烘托出了两个人物不同的性格：男孩爱美、纯真、有骨气；女孩孤傲、世俗、不懂得尊重人。

1.本文叙述了两件事，请用最简明的语言概括。

2."你要是喜欢，就留着它吧。"此句在文中出现了两次，可是前后给人的感觉截然不同，试作简要分析。

3.说说你对文中"男孩"或"女孩"的印象。

我 喜 欢

◆ 张晓风

我喜欢旧东西，喜欢翻旧照片。我喜欢美丽的小装饰品，像耳环、项链和胸针。我喜欢晚饭后坐在客厅里的时分，我喜欢听一些协奏曲，一面捧着细瓷的小茶壶暖手。

我喜欢冬天的阳光，在迷茫的晨雾中展开。我喜欢那份宁静淡远，我喜欢那没有喧哗的光和热。

我喜欢在春风中踏过窄窄的山径，草莓像个精致的红灯笼，一路殷勤地张结着。我喜欢抬头看树梢尖尖的小芽儿，极嫩的黄绿色里透出一派天真的粉红。

我喜欢夏日的永昼，我喜欢在多风的黄昏独坐在傍山的阳台上。小山谷里稻浪推涌，美好的稻香翻腾着。慢慢地，绚丽的云霞被浣净了，柔和的晚星一一就位。

我喜欢看秋风里满山的芒。在山坡上，在水边上，白得那样凄凉，美而孤独。

我也喜欢梦，喜欢梦里奇异的享受。我总是梦见自己能飞，能跃过山丘和小河。我梦见棕色的骏马，发亮的鬃毛在风中飞扬。我梦见荷花海，完全没有边际，远远炫耀着模糊的香红。最难忘记那次梦见在一座紫色的山峦前看日出——它原来必定不是紫色的，只是翠岚映着初升的红日，遂在梦中幻出那样奇特的山景。在现实生活里，我同样喜欢山。我喜欢看一块块平平整整、油油亮亮的秧田。那细小的禾苗密密地排在一起，好像一张多绒的毯子，总是激发我想在上面躺一躺的欲望。

我还喜欢花，不管是哪一种，我喜欢清瘦的秋菊，浓郁的玫瑰，孤洁的百合，以及幽闭的素馨。我也喜欢开在深山里不知名的小野花。我十分相信上帝在造万花的时候，赋给它们同样的尊荣。

我喜欢另一种花儿，是绽开在人们笑颊上的。当寒冷的早晨我走在巷子里，对门那位清癯的太太笑着说："早！"我就忽然觉得世界是这样的亲切，我缩在皮手套里的指头不再感觉僵。到了车站开始等车的时候，我喜欢看见短发齐耳的中学生。我喜欢她们美好宽阔又明净的额头，以及活泼清澈的眼神。

我喜欢读信。我喜欢弟弟妹妹的信，那些幼稚纯朴的句子，总使我在泪光中重新看见南方那燃遍凤凰花的小城。最不能忘记那年夏天，他从最高的山为我寄来一片蕨类植物的叶子。在那样酷暑的气候中，我忽然感到甜蜜而又沁人的清凉。

我特别喜欢读者的来信。每捧读这些信件，总让我觉得一种特殊的激动。在这世上，也许有我已透过我看见一些东西。

我还喜欢看书，特别是在晚上。在书籍里面，我不能自抑地喜爱那些泛黄的线装书，握着它就觉得握着一脉优美的传统，那涩暗的纸面蕴含着一种古典的美。历史的光芒，人物的迭代本是这样虚幻，惟有书中的智慧永远长存。

我喜欢朋友，喜欢在出其不意的时候去拜访他们，尤其喜欢在雨中去叩湿湿的大门。当她连跑带跳地来迎接我，雨云后的阳光就似乎忽然炽燃起来。

我也喜欢坐在窗前等他回家，虽然走过我家门的行人那样多，我总能分辨出他的足音。如果有一个脚步声，一入巷子就开始跑，而且听起来是沉重急速的大阔步，那就准是他回来了，我喜欢他把钥匙放进门锁的声音，我喜欢听他一进门就喘着气喊我的名字。

我喜欢松散而闲适的生活，我不喜欢精密地分配时间，不喜欢紧张地安排。我喜欢许多不适用的东西，我喜欢旧东西，喜欢翻旧照片。我喜欢美丽的小装饰品，像耳环、项链和胸针。我喜欢充足的沉思时间。我喜欢晚饭后坐在客厅里的时分，我喜欢听一些协奏曲，一面捧着细瓷的小茶壶暖手。当此之时，我就恍惚能够想像一些田园生活的悠闲。

我也喜欢和他并排骑着自行车，于星期天在黎明的道上一起赴教堂。朝阳的金波向两旁溅开，我遂觉得那不是一辆脚踏车，而是一艘乘风破浪的飞艇在滑行。

我喜欢活着，而且深深地喜欢在我心里充满着这样多的喜欢！

心灵体验

本文是一篇非常优美的散文。作者用极其流畅的语言,展示了一幅幅自然与人生的图画,热情地唱出了青春与爱情的赞歌。读这篇散文,你会体味到一种十分积极的人生态度。关注生活、热爱生活,生活会变得格外美好!

放飞思维

1.文中的喜欢之情溢满全篇,在作者看来,一切都美得像诗一样,你认为文章写得最美的画面是什么?

2.读完全文,你认为作者的人生态度如何?你又有什么样的人生态度?

面对青春的萌动

◆聂振伟

面对现实,我明白,我们年轻的心无法承受真正的爱,爱与学业之间必须放弃一方。短时间会痛苦,但每个人对自己受伤的心都会进行自我调节,继续向前。

"早晨,我一走进教室就又与他的目光相遇了。我感到脸发烫,慌忙避开。真是莫名其妙!我平时和男生说句话都脸红,更害怕别人盯着看。我低着头,快步走到座位旁,急忙拿出语文书挡住脸。整整一节课,我的眼睛始终没有离开过课本。

"'铃……'可怕的上操铃声响了。我无可奈何地站上领操台,浑身上下感到不自在,手脚似乎变成多余的了,不知放在什么地方好。因为不用看我就知道,在那个固定的位置上有双眼在看着我。尽管那目光中并无恶意,也绝无侮辱性,而且还可以说是一本正经的,但每当我一想起那目光心里便涌起一种说不清的烦恼和厌恶。15分钟的音乐似乎播放了一个世纪。"

这便是青春萌动。

爱情是甜蜜的,可过早地尝到它也有些涩。

这是一个高中生讲的:

我被爱神"俘虏"时刚上高二,他已经大学毕业参加工作了。我们曾一起度过了一段力图将幻想变成现实的生活。这段时间里,尽管自己像一把锯,在恋爱和学业间扯来扯去,一会儿想到他,一会儿又想到自己还要考大学……但初恋的美好织成美丽的光环,让我无法见到真实的现实。

渐渐地,我忽然觉得,一个人的心虽然有时可以很大很大,却有时又很小很小。心明明早被七八门功课、大量的复习题和学校里各种活动塞得满满的,却还得给他腾出一席之地。你看,这该有多难。哪像岑凯伦小说里那上学的女孩儿和心上的白马王子相恋得那么轻松和浪漫?真没想到,此时此刻,爱竟成了我生活的负担。

在我被扯得头昏眼花的时候,我只好决定暂时离开他,我希望能安心考完大学后再和他联系。他很体谅我,没有多说一句,便默默地和我减少了联系。没想到,收不到他的信,我的心更不安。当我有一天再也抑制不住推开他虚掩的房门时,看见他正伏在桌子上,一封封写给我却没有发出的信堆在那里。刹那间,思念冲破了防线,我又重新担起学业和恋爱两副沉重的担子。我不忍心看着他在痛苦中煎熬。可从那以后,我就没有在 12 点钟以前睡过觉,我太累了。

高三了,这样的生活使我疲惫不堪,当我感到再这样下去不行时,我决定离开。和一位外地的朋友联系好,准备到那里去上学。也许一年的分离会使我成熟一些。但我最终也没走成,妈妈的眼泪封住了我的路。当我们母女相依流泪的时候,我心里在说:"妈妈,我知道在外地上学会很苦。但是我留在这里更苦,您懂吗?妈妈!"

到此为止,我才知道爱情远远超出我的想像。因为恋爱的资本我一无所有,有的只是远离现实的幻想、做不完的功课和考不完的试,以及对前途担不完的心……

面对现实,我明白,我们年轻的心无法承受真正的爱,爱与学业之间必须放弃一方。短时间会痛苦,但每个人对自己受伤的心都会进行自我调节,继续向前。

心灵体验

面对青春的萌动,我们必须明白,我们年轻的心无法承受真正的爱。虽然放弃后短时间会痛苦,但每个人对自己受伤的心都会进行自我调养,去继续面对一切。

放飞思维

1. 用简洁的语言概括本文的主要故事情节。

2. 面对青春的萌动,你如何去处理?

3. 读完本文后,对你的学生生活有什么启示?

裂开的青春石榴

◆ 王天翔

> 当爱情光滑完整地摆在你的面前时，它对谁
> 而言都是甜美芳香的石榴，只要你把它掰开，掰开
> 后你就要对你自己的选择负责了……

田媚并不常常回味她的第一个吻，但那个吻的味道却是会伴随一生的。她的初恋是在学校里，她的那个会玩各种球类的运动员男友常常像抱洋娃娃一样抱着她边走边吻她的刘海儿和眼睛。田媚躺在他的怀里，陶醉在那带着汗味的亲吻中，她以为这个世上最幸福的"健美的床"一辈子都属于她了。在第一个吻中，她就已暗暗把自己嫁给他了。

可是，毕业了，运动员回到了遥远的边陲小城。

田媚哭了一个月。运动员的音容笑貌，从前是多么甜啊，现在就着泪水品尝，一切都变成酸的了。

工作后的田媚孑然一身，用热情的工作抵御独处的凄冷。然而寂寞的恢恢之网从不会漏过任何一条单身的美人鱼。22岁的田媚慢慢被一位同事的悉心关怀所打动，那个同事总是在下班后留下来，为的是悄悄替田媚画好令她举步维艰的图纸。田媚就这样开始与他并肩同行，他们成了一对在影院里也相敬如宾的恋人。田媚认为自己多少有些喜欢他，喜欢的基础是他的善良和踏实，但她却没有一点儿想要拉着他的手向世界宣布"这是我的恋人"的冲动，她心里没有那样的澎湃了。

当同事男友与田媚讨论婚嫁之时，田媚不知所措地流下了眼泪，她只能用这种女人的"柔软炮弹"把他击退。她告诉他：与他在一起只因为她寂寞。她对他说，他挽着的婚纱里不该裹着一个谎言。她的眼泪倒是真实的。

调到另一幢楼里的男同事很快对另一位女孩献上了他的婚纱。

他结婚那天，田媚一个人，自己把自己灌醉。

第一次恋爱，为那个离开的男孩而哭。

第二次恋爱，醉是为自己的离开而醉。

醉酒后的眼泪，糊涂得像一场梦里的冷雨。田媚想像着相伴一年的男友挽着另一位不知是真是幻的姑娘走上婚礼的殿堂，她不爱他但她的心还是难过得流下一滴滴血，那血消融在记忆的水杯中，关于第二次恋爱，就这样掺上了只有田媚自己品得出的味道。

接着,恋爱又开始了,田媚没想到,恋爱就像滑冰一样,只要有了第一次,以后就越滑越无所谓越滑越快越滑越大胆了。当然,重要的是找到一双合脚的"冰鞋",并且鞋子合适,滑起来跌没跌倒又是另一回事。田媚自己开始并不知道(就像滑冰的人不知道前面暗处的冰窟),她的第三次恋爱如履薄冰。

她因为厌烦在办公室木头人一样面对纸笔了,她也不甘心让光泽的青春埋沉在学生时代的旧大衣里,更重要的是她面对她的生活圈子里的男士全部像面对木头人一样毫无感觉。她于是跳槽,为自己打开了一个新天新地。

在竞争激烈的社会大风箱中,跳槽后的田媚成了一根胆战心惊又无处落脚的稻草。

受惊的稻草是无可奈何地选择了一个强有力的臂弯的。一个中年总裁的臂弯,圈住了田媚的梦与幻想。她成了他的地下情人。她有了一间华丽的居室,但田媚不把她的房间叫房间,她把房间叫做"洞"。因为她是在偷偷摸摸地住着,她那挺着便便的大腹钱财的情人是偷偷摸摸地来。

田媚在总裁的公司三天打鱼两天晒网地上上班。

总裁在田媚的洞中三天打鱼两天晒网地露露面。

柔弱成一根稻草的田媚无所谓地抛掷着总裁的金钱。

田媚可以在大餐馆不假思索地花钱,从内衣到外装,一朝都变成赫亮亮的名牌。

风光的白天不懂夜晚的黑暗,田媚学会在半夜里独自吸烟。一个烟圈一个烟圈缭绕成一个个水泡,一条寂寞的美人鱼沉在无人知晓的海底,再也不可能浮到最初的海面上去。

当爱情光滑完整地摆在你的面前时,它对谁而言都是甜美芳香的石榴,只要你把它掰开,掰开后你就要对你自己的选择负责了……你很小心地品尝每一枚颗粒么?你要知道,第二颗,再没有第一颗的美妙了;第三颗,就已经串了不纯洁的味道了。

掰开你的爱情石榴,却馋不得。

心灵体验

当爱情光滑完整地摆在你的面前时,它对谁而言都是甜美芳香的石榴,只要你把它掰开,掰开后你就要对你自己的选择负责了。是的,掰开你的爱情石榴,却馋不得。

放飞思维

1. 有关爱情的主题是严肃的,我们该如何面对自己的爱情?

2. 文中的田媚是怎样一个人?你喜欢她吗?想一想,用你的观点对她作一个评价。

青春的故事

◆上官英子

我们或许可以缩短这一过程，但我们无法抹
杀这一切，尽管它留下的伤痛还在风中悠荡。

在协助学校筹办一次大型系列活动期间,青春在不经意间走出一段故事……

一

每一次,总是在相见之前,便把所有的可能,设想种种,演绎多遍。每一次,总是在相见之后,才发现要说的都还没有说,要做的都还没有做。

仅仅只是为了一次相见,却融进了千般情意,万种美丽,却又在每一次的一切化作一种莫名的愁绪。

小时候做梦,一直有一位白胡子的老公公,常常指点我看一些白天怎么也看不到的小人书。每一个夜晚,就那样任他翻来翻去,自己也惊奇地看个不休。

再后来,夜里做梦已没有了白胡子的老公公。只留下一本本怎么也看不懂的书,让我艰难地读着。第二天又无踪影,反反复复,永无休止。

而如今,却是辗转难眠,你的一举手一投足就在眼前晃动,却为何不愿伴我入梦。在梦乡中把一份美好的记忆留下,让它将白天的不如愿统统挥去。

夜难成眠。

二

为使文化窗再添新景,我们几位负责人来到市郊野外。

一路上山石突兀,每个人都有点儿气喘吁吁。前面的男同胞好心地伸出援助之手,我笑着摇了摇头,并加紧几步赶上在最前面的你。

又要爬上一块大石头。你自然地伸出手。我不再摇头,任你的帮助伴我一路前行。

长这么大,除了在那亲爱的哥哥面前,顺从地接受他的爱护,从不甘心在任何人面前示弱。不愿接受,一方面是怕欠太多,无法担待,另一方面更怕在过多的照顾下,迷失了自我。

但却无法抗拒,甚至渴盼你那一双手的援助。一路上轻松得无一丝负担,我的笑容好似也感染了周遭的草木,一切是那样的清晰。

三

这期间的惟一的一次晚会,却也是平生最不快乐的一次。

第一次,久远的自卑感又一次深深席卷了心灵的整个空间。很小的时候,就伤心地知道,我是一个不漂亮的女孩,因为所有人只夸我是个聪明的孩子。

因而,我把自己缩在一本本读也读不完的书中。只有在那儿,灰姑娘会与白雪公主一样美丽,丑陋的只有魔鬼与那长指甲的老巫婆。而我,竟也是一个快乐的孩子。

长大后,梦只能在夜晚重温,现实是一种真实的残酷。也渐渐明白,一个人只有尽量拥有自己能够拥有的。且懂得知足,便会一生快乐。释然了,也就没什么了。

但那一刻啊!

你如同完美的王子,终究要寻觅那美丽的公主,而撇开不会开口的小美人鱼。任她在忍受刀尖上跳舞的苦熬后,再悲哀地化作一朵渺小的泡沫,消失在大海的深处。

那一刻,也真实地感觉到,你是如此的可望而不可及。眼前晃动的人影才是最和谐的。我的加入,只能徒增几分杂音而已。

我早早地离开了展览厅。

四

接下来,怎么也提不起劲来,谁都不想搭理。尤其是你与你那晚的舞伴。

或许你也察觉到了我的不愉快,便没事找事地故意跟我开个小小的玩笑,哪知平时嘻嘻哈哈的我扔下手中的东西,转脸而走。

漫步在校园内,我问自己,这一切都怎么了,那个一向循规蹈矩的女孩哪里去了?我到底在渴求一种怎样的东西。

8岁时明白,我所该做的事情便是听每个大人的话,做好每天的功课,玩耍、看小人书,均要耐心地守候在门外。

12岁,我懂得,美好的东西,在付出巨大的努力之后才能得到,而要努力便要学会舍弃一点儿眼前的快乐。

16岁时，真实的例子告诉我，世间万物四季轮回，都必须遵循它一定的规则。否则，任何游戏均不会好玩。

就这样，心甘情愿且快乐地守着一个封闭的自我，安然且无忧。自在且幸福地长成一个乖女儿、好学生。

而今天，我无视校纪校规，到底在干些什么呢？

五

你竟然有妹妹！

你竟然也承认了自己在校内有一个结拜妹妹。

过去的一幕重上心头。当同学们谈论校园结拜兄妹现象时，自己大叫着摇头晃脑笑个不休。哥哥？妹妹？纯洁的友谊？既然是纯洁的友谊，干吗还非得戴个兄妹的帽子才肯罢休呢？

白痴都会明白。用根头发也量得出：不是傻哥哥蒙在鼓里不知妹妹心事，就是呆妹妹不懂好哥哥的一番心意。怕只怕那其中的一个傻瓜没明白过来，就稀里糊涂地转到他人身边了。没办法赶快搞个兄妹的好帽子套近乎，只等他(她)即刻明白过来，来个"近水楼台先得月"。

一日，很晚才回寝室。在路旁发觉你与一女孩正在谈论。那就是你妹妹吧？

尽管你瞒得很深。尽管你与妹妹很少走在一块。但你毕竟很优秀，毕竟有太多的目光关注你，还是有人知道了。

你与她的关系非同一般。

六

有人在很早的时候，就告诉过我们，好孩子是不会去拿别人的东西的。

我不漂亮，因而便很努力地聪明起来，我清楚，不要去碰自己得不到的东西。

最好的朋友，从故事发生的那一刻，伴我直至今天。她轻轻地问："后悔吗？是不是觉得有点儿傻，不值得？"

我笑着，摇了两次头。

虽然在这一段时间，我看不清太多的事实，甚至忘了原该要做的好多事情，瞄准于日子中这一个小小的细节，紧抓不放，且在自我的假设中迷失着自我。但无论这是一种错误，还是一场错过，它毕竟真真实实不可避免地发生了，它毕竟又在不容细想的时候结束了。

我把这看做是青春必经的过程。我们或许可以缩短这一过程，但我们无法抹杀这一切，尽管它留下的伤痛还在风中悠荡。让时间来完成剩下的工作吧。静待烟消云散的日子。

青春里的故事，是无怨无悔的故事。

心灵体验

青春在不经意间走出了一段故事，尽管这段故事不可避免地发生了，又在不容细想的时候结束了，但这是青春必经的过程，尽管它留下的伤痛还在风中悠荡。青春里的故事，是无怨无悔的故事。

放飞思维

1.本文主要讲了哪几件事？
2.把你的青春里发生的故事也写一写。

瞬间泯灭的初恋

◆刘海红

或许在将来的某一天，有一个傻瓜盯着那段往事，还是在辗转反侧，也不一定。

我是无法忘记那一天的。

也是这样一个细雨霏霏的日子。我们约好了去涛家老同学聚会。路上，我有些忐忑不安，又要见到涛了！我和涛之间——其实，连我自己也弄不清楚。只记得在念书的时候，涛便扬言要追我，而我也一直暗暗地恋着他。虽然是这样子，我们却很少说话，也很少在一起。本来他是很活泼，很健谈，也很善于追女孩子的那种男孩。但跟我讲那永远不到三句的话时，却总是陪着小心翼翼。偶尔回头，我总发现他坐在后排的位置上静静地看着我，那双深邃的眼睛总让我感到读不透的苦恼与迷茫。我们之间就这样模模糊糊地保持着这层若有若无的感情之线。毕了业，大家各奔东西。而在每年的同学聚会时，他都会送给我一份特别的礼物。

这天，我是最后一个到涛家的。我按了按门铃，他走出来为我开了门。我们对视了几秒，什么也没说，我走了进去，大家看见我，嚷着又迟到了，要受罚。我只得走进厨房。有个陌生的女孩在洗菜。"嗨,你来了!"她冲我打了个招呼,露出一副很白很整齐的牙齿。

"他们做好了圈套,都早到了一刻钟,就等你给他们烧桌好菜!听说你很会烧菜的!"

我笑了笑,发现她长得很好看。"你跟阿涛形容的一模一样,你一进来我就知道是你了。"

"阿涛?"我感到突然的一种紧张。

"你真逗,你的老同学,我的男朋友呀!"我点了点头,听见自己的体内有什么东西"喀嚓"碎掉了。

"他们说你是班上的'怪胎',我挺好奇的。问阿涛,他却不肯告诉我……"我茫然地盯着她一张一合的嘴唇,觉得自己掉进了一个黑乎乎的冰窖里,什么也看不见,什么也摸不着,只是恍恍惚惚地听见有一对情人在耳边低低的呢喃。又一恍,好像有个女孩子在角落里幽幽的哭泣。

"叭",地上躺了一只碎成了两半的碗。我的头仿佛被什么东西震了一下,一下子清醒了过来。"对不起,"我掩住自己发酸的鼻子,跑进了洗手间。一次又一次地洗着脸上那冰凉的液体……

"海玲,海玲……"是他的声音,我无力地打开了门。"你在里面快呆了两个钟头了。"他低低地说。我抬起了头,看了看他那双深邃的眼睛。

"我想回家。"我说。

他沉默了一会儿,说:"我送你!"便转过身,去客厅替我交代了几句,就握着我的手走到了街上。

"你的手很冷。"他看着我说。我牵强地抽动了一下嘴巴,想笑,泪却一滴一滴地开始往下掉。他叹了一口气,紧紧地抱住了我。一片落叶,轻轻地打在了我的脸上。

"你该回去了。"我说。他点了点头,那双深邃的眼睛直直地看着我。我转过身,强忍着泪,听着他的脚步离我越来越远,越来越远……

那一年,他没有送给我礼物。只是后来寄了一封信来,上面什么也没写,只有徐志摩的一首诗——《偶然》:"我是天空里的一片云 / 偶尔投影在你的波心 / 你不必讶异 / 更无需欢喜 / 在转瞬间消灭了踪影 / 你我相逢在黑夜的海上 / 你有你的 / 我有我的方向 / 你记得也好 / 最好你能忘掉 / 在这交会时互放的光亮"。

我的初恋,就这样没有开始,便已经结束。

许多年过去了,有些事情该忘的就忘了。惟有对这段感情总让我难以割舍,无法释怀。或许在将来的某一天,有一个傻瓜盯着那段往事,还是在辗转反侧,也不一定。

心灵体验　　流星划过夜空，短暂且美丽。"我"的初恋一如流星划过，刚刚开始便已经结束；开始就短暂，结束也美丽。有些事情是永远难以忘怀的。

放飞思维　　1.本文采用的是什么样的写作手法？
　　2.找出文中瞬间泯灭"我"的初恋的句子。
　　3.找出文中前后照应的地方。

再见亦是朋友

◆叶　子

> 在我逐渐成熟的脑海中，已经挤满了纷乱的
> 思绪，寻求一份清醒与理智。

斌：

与你相识、相知，已一年有余。

书信往来中，我们互相了解、互相支持与鼓励，经历了越来越多的生活风雨。回首所走过的路，斑驳的足迹依稀可见。在我逐渐成熟的脑海中，已经挤满了纷乱的思绪，寻求一份清醒与理智。我惟有做出这无奈的选择，轻轻对你说声再见，并祈求你原谅我。再见亦是朋友。

你也许觉得太唐突了。的确，我无从解释什么原因或者讲出什么道理，而日益加深的精神压力与矛盾已使我要这样做。我知道你会很失望乃至很痛苦，然而我再也不能含糊，毕竟，以后的日子我们还需要寻求各自的灿烂。你不要说我负心，也不要责怪自己不配，其实，我们留存着曾经美好的回忆。

中考前的日子，你我奋力拼搏，在选择志愿时，你我均默契地上了同一所学校。可命运的安排是，你得到遥远的北国求学，而我则留在南国就读。分开以后，你我都很理智地书信往来，都很坦白地告诉对方，我们希望彼此的鼓励能让我们的学业更加进步，别的等毕业再说。你我都很相信缘分，但事实上我们并非想像中那么默契。

你是个好女孩。真的好感激你，你说你很欣赏我的文章，偶有拙作见诸报刊，

你就兴奋不已,来信赞赏和鼓励,那份浓情厚意我打心底里谢谢你。正因为此,我渴望告知你关于我的心事,也衷心祈祷我们因此能够步出雨季迎接和煦的朝阳。

你或许会说我变了。的确,我在老师的精心培育下,在沧桑世事的熏陶中,我已经不是以前那单纯地说明天的总统就是我的男孩子。现实已经告诉我必须学会清醒理智地学习和生活。俗语说,人生如一盘棋,走错一步,满盘皆输。虽然还没结果告诉我们是对或错,但始终我们已经过早地负重感情。我之所以如此选择,是希望在我们正值烂漫的年龄,应该具备活泼开朗、朝气蓬勃的单纯本色。你知道吗?随着时间的推移,你我的书信话题已经有了质的改变。我已感觉你那挚热的依恋,你如今会埋怨我没有及时回信;你会说我深藏不露难以理解;我已神秘起来。你知道吗?我是渴望我们能单纯些,不要把对方当做自己的一部分或者全部。你有时说我们意见有分歧,既而又是柔情蜜语,始终让我扑朔迷离地觉得你在虚伪地掩饰着自己。你竟然在没有给我写信的日子里天天写信,要知道,这又是多么沉重的付出。

暑假,我们终于见面了,你关心我的不是学习成绩,而我也只能默默地做你纵论生活的听众。我承认,我们可以任由缘分顺其自然而你却似乎过分地看重了此事。

我知道,你是一个优秀的女孩,并且为你的学业进步而高兴。每当看到你那优秀的成绩单,我佩服有加。从信中得知,你在校颇得老师宠信,也可谓"小荷才露尖尖角"。但祝福过后我仍然要提醒你,学无止境,切莫满足。

你还有一年就要毕业了,拿着毕业证书就要加入社会这个大熔炉,而我仍然在校攻读我的大专,我深感知识的重要且珍惜这来之不易的机遇。当我告知你我将继续深造时,你刹那时沉默过后,关心的是我毕业的日期。你知道吗? 好胜的我上进心未减,你这样表现已让我反感和厌腻。

更为意外的是,与昔日同学相聚时,你会因为我跟别的女孩子说话而沉默地表示着抗议,你知道吗? 你掩饰不住的难堪已让我觉得你变得很自私。

斌,我之所以要对你说再见,委实不是想伤害你。我真诚希望我们能好好调整自己,不可步入感情的误区而陷得太深。到我们事业有成时再重新开始也不晚。我知道你会很痛苦,我已读懂了你信中的忧郁和目睹你那委屈的小泪滴,而我却没有别的选择可以让我们更为明智地剖析自己。

我并非要求你原谅,因为原谅会让我觉得你在恩赐。我只希望我们再见亦是朋友。不再为情所困,为情所累。需要我们去做的是如何构筑我们理想的新蓝图。

斌,我的朋友——再见!

心灵体验

　　理清脑海中纷乱的思绪,去寻求一份清醒与理智,在美好的回忆中,我们互相了解,互相支持与鼓励;分手亦是无奈,再见亦是朋友。

放飞思维

　　1."我"为什么要做出这样无奈的选择——与斌分手?你如何处理这件事?

　　2.读完全文后,对你的生活有什么启示?

不 懂 爱 情

◆赖俊文

　　我与仪显得很偶然也很必然地邂逅在宿舍的楼道上,彼此都没有开口说话,只是呆呆地愣在那里相互对视了好几分钟。那时,我发现仪的眼角已有一些晶莹的泪水在痛苦地挣扎着……

　　仪是我读中专时最让我心动的女孩。

　　中专毕业那天,我没有向她道别也没有去送她。我只清楚地记得,毕业的前夜仪在宿舍的天台上无情地把自己灌醉。站在一旁的我没有上前去劝她,我深深地知道仪的内心很痛苦。其实,那时候的我并不是不想去跟她说些什么,我只是执意地要自己冷静些,因为,仪如今已是别人的女朋友了。

　　还记得第一次写纸条给仪的时候,我傻头傻脑地把写好的那张纸条偷偷地夹放在仪的课本里。第二天清晨我早早便来到教室,又偷偷地看那天在仪课本上的纸条是否还在,看这放心以后,我就心焦地等待着仪也像我一样早早地来到教室早早地读到我的那张纸条。纸条的内容大概也就是说我十分渴望与她做一位比友谊浓一点儿却比爱情淡一些的朋友。仪在第二节课读到这张纸条后,只是对我浅浅的一笑而已。

　　随着岁月的流逝,我与仪还是保持着那种淡淡的关系。我是一个很自卑也很内向的男孩,有很多次仪都创造了让我能够与她单独谈心的机会,但我并没有好好地去珍惜也没好好地去把握过,每一次我都临阵脱逃。后来,我渐渐地发觉到仪在无由地疏远着我。每一次相遇在校园的小路上，仪一见到我都好像是在逃避，逃避着我的羞涩，逃避着我的眼神，逃避着我的不善言辞。后来，我才得知仪已和高年级的师兄恋爱了。

起初我并没有太在乎这份情感，直到毕业以后，我听朋友说仪一直在责怪我的自卑，一直在怨我写纸条后没有付诸于现实的行动，朋友告诉我，仪那时候真的为我倾心过。但这一切都是过去的事情了，到现在我再也无法追回那一份丢失在菁菁校园中的爱。

毕业离校那天，我见到了一位男孩来接仪。我与仪显得很偶然也很必然地邂逅在宿舍的楼道上，彼此都没有开口说话，只是呆呆地愣在那里相互对视了好几分钟。那时，我发现仪的眼角已有一些晶莹的泪水在痛苦地挣扎着……

走出校园以后，我一直都在忙碌着自己的工作和事业，不知道仪的去向也不曾挂过电话给她。但我却在一次与一位同学闲聊时，她告诉我，仪许多次与她谈心的时候都说起了那时候我很笨很傻，是一个不懂爱情的男孩。

在电话的那一端，我沉默了。

心灵体验　　在菁菁校园中，仪是最让"我"心动的女孩，"我"给她写过纸条，渴望与她成为朋友。随着岁月的流逝，由于"我"不懂爱情，再也无法追回那一份丢失在菁菁校园中的爱。

放飞思维
1.找出文中描写"我"心理活动的句子。
2.读完全文后，你觉得文中的"我"为什么沉默了？

青春的冲动

◆阿 荣

> 忽然，我感到自己长大了许多，也明白了许
> 多，我不禁要嘲笑先前一系列的举动：这不过是青
> 春的冲动！

我独自静静地坐在阳台上，欣赏着这月圆之夜的美景。空中的月儿又圆又亮，周围还点缀着一圈五彩的环，给人一种清新、舒畅的感觉。对面的山在这柔柔的月光中，仿佛穿上了一件光洁柔软的薄裳。山上的小径白白的，弯弯曲曲，交叉纵横，像网一样织在山腰。忽然，我发现其中有一条小山的小路又分成了两条岔路。

我顿时愣住了。一种"良辰美景虚设"的感觉袭上心头。我再也不能陶醉在这美丽的夜景中了。我的目光毫无意识地落在岔口，心潮却汹涌澎湃：在初中，我们相遇；三年后，我们又各奔前程。正如这路一样。

一中特招时，我决定不读高中，他满脸的疑惑与惊讶，接着，又问我。我肯定后，他好像很失望。之后，他又鼓励我："争取考上省中专！"这一句话，给了我多少力量，在考场上，难题久攻不下欲放弃时，它又在耳边响起！初中三年，我们几乎没谈过一次心。但由于他学习好又聪明，我便莫名其妙地对他产生了一种很微妙的感情。此后，我又情不自禁地捕捉他的身影，通过观察，又发现他还能关心人、体贴人，还有一种男孩少有的细心。于是，这种情越来越浓。尽管如此，我仍把它深埋在心底，我怕打扰他的学习。同时，我也能把这种情转化为赶上他的力量。最终，我没能赶上他，但是，我坦然。

后来，他上高中，我读中专。可我仍时时关注他的消息。考试成绩全校第一，我替他高兴；被人误伤，我恨不能飞到他身边，看看伤势。而我所能做的，只是默默地祝福。关于他的消息时刻牵引着我的心，直到有一天，我终于抑制不住，任"山洪"肆意地爆发了。强烈的自尊不允许我给他写表白信。于是，我以朋友的名义，换了一种字体给他写了一封信：

黄：

不知你发觉没有，在初中有一位女生对你有种很特殊的很强烈的感情，尽管她竭力抑制，但仍不能保证没有丝毫的流露。水满了就会溢出的！她现在心神不宁。作为朋友，我不忍看到她这副模样。希望你能

解除她的痛苦。至于她是谁,我想你也能看得出来,你知道,她自尊又自卑,所以此信勿与外人看……

　　现在,面对静静的夜,习习的风,我后悔了:明明知道他不会对我存那种心,可我又写信,岂不是自讨没趣?岂不是给他作炫耀的资本?我真糊涂。可又转念一想:不,他绝对不是那样的人!他不会无辜伤害一个人的心。

　　我又呆呆地望着月亮,作出各种设想,继而又打消。我使劲摇摇头,竭力回想他的容颜,可真奇怪,脑中怎么也浮现不了他的脸。

　　在"花儿也谢了"时,盼望已久的信终于收到了。我揣着信,看着信封上熟悉的字体,不安的心剧烈地跳动起来,浑身的血都迅速地涌向头部。我掏出那叠得平平整整的、小巧玲珑的"心",颤抖着双手,好不容易打开了它。熟悉的字体组成了完全陌生的内容:

　　"……我不是冷血动物,我也有炽热的感情。爱与被爱都是人的权利。但是我现在还不想涉足爱的禁区。当然,我也不会拒绝一颗真诚的心。我一直把她当做一位亲爱的妹妹。这是一种纯真的友谊,如果把它上升到爱情的高度,我恐怕很难做到。希望这封信不会给我和她的友谊蒙上阴影……"

　　他到底是拒绝了——很委婉,让人感不到悲伤。直至能背下它时,我才清醒地认识到这封信意味着什么。泪顺着脸颊无声息地滚下来。"一位很好的朋友,亲爱的妹妹",我要求的仅仅是这吗?

　　夜深人静时,泪已流干,心情也渐渐平静下来。忽然,我感到自己长大了许多,也明白了许多,我不禁要嘲笑先前一系列的举动:这不过是青春的冲动!

心灵体验

　　面对青春的冲动,"我"抑制不住自己对他的强烈感情,强烈的自尊又使"我"不能直接表白。但最终还是遭到了委婉的拒绝。突然之间长大了,终于明白这一切不过是青春时期的冲动。

放飞思维

　　1."我"是用什么方式向"他"表白自己的感情的?
　　2.读罢此文,在同学之间交往上,你有哪些收获和启迪?

长发不再，爱情依然

◆海 天

> 激昂而忧伤的萨克斯音乐弥漫天际地飞舞着，一对对恋人在我孤独的世界之外甜蜜地晃来晃去，幽幽的灯光投射到我的身上，倾下一片令人神伤的凄凉。

我和枫在高中就是很要好的同学，又一起从湖南考入武汉这座美丽的江城。我俩就读的大学一所在武昌，一所在汉口。刚开始，我和枫不咸不淡地联系，无非是你给我挂一个电话，我给你写一封短信。大一下学期的某一天，枫突然不告而至，诡秘地塞给我一封夹着玫瑰的情书，然后红着脸在学校的足球场荡来荡去地等候"判决"。枫的求爱方式虽然有点老土，但还是打动了我那情窦初开的芳心。从那一天起，我与枫双双坠入了爱河。

大四那年，枫到外地实习，突如其来的一场大病将我一头浓密的长发摧残得如同沙漠的植被，东一束西一株的。在室友们夸张的叫声中，我气急败坏地将镜子摔得粉碎，拿着毛巾冲进洗手间哭得天昏地暗。哭累了，拿一把木梳将所剩不多的头发细细整理，可怜曾经引惹得枫无限爱怜的芳草地，仿佛北风席卷百草折，萧瑟一片了。

是夜，我如煎锅上的小鱼，辗转反侧难以成眠。虽然医生说，只要坚持治疗，短则三五月，迟则一年后就会恢复"本来面目"，但我怎忍以如此容颜去面对青春，去面对心中的他？

第二天，我以百米冲刺的速度冲出校园。晚归时，我悄无声息地提着一大袋美容书籍、生发药剂和一顶宽松的帽子潜入寝室。万幸的是，其时正值入冬，我戴上那顶红帽子虽说牵强，但也不至于遭人盘问。那呆子正在外地，使我有可能乘隙与这该死的脱发作殊死而不懈的斗争。想到此，心底绝望之余又升起了一丝希望。

但枫还是回来了。一个周末下午，我在食堂吃饭，枫冷不丁地来了，问："你怎么戴了一顶红帽儿？身上还有药味，生病了吗？"

"你闻到了什么味？"我紧张极了，可怜兮兮地反问。

谁知那呆子看着我饭钵上的菜，笑了："哈哈，胡萝卜炖羊肉，老实交代，是不是为我买的？"

我又好气又好笑，忙不迭地给他买了一份，心想到底是一个憨实的书虫。镇静下来后,心里莫名其妙地有了一点儿遗憾。难道他除了羊肉,真的再没有其他发现?

突然,枫停止咀嚼,一把托住我打过点滴的左手,在我手臂上左闻右嗅。

我生怕他发现了真相,扭头避开他的目光,唬他:"我得了白血病。"

那呆子急了:"好生生的一个姑娘怎么长着一副乌鸦嘴。"

我抽出手帮他扶正了鼻尖上的眼镜,心里一动,嘴上说:"少贫嘴。吃完回校复习功课去。"

人皆云:恋爱中的女孩最美丽。我却惨到混迹于美容院的地步,把从口里抠出来的"油水"换成美容美发的服务票,内涂外服,憔悴了一颗心。虽然我用尽了一切办法,头上秀发仍没有复苏的迹象,那一丝可怜的希望像越飘越远的柳絮,再也抓不住了。我绝望极了,伤心极了,为自己也为枫。

有很多次,我都想告诉枫真相,但我实在没有勇气破坏自己在枫心目中的形象。枫一次一次打电话来约会,我试图用各种理由拒绝,却又难以自圆其说,只能残忍而霸道地冲着电话说"不!"。

枫其实是一个非常腼腆羞涩的男孩,过了很久,才在一个周六的黄昏跑到寝室找我。那天,我自己跟自己犟上了,满怀无颜以对的悲戚,悲壮地怂恿他与我分手。他无言地站在门口,帅气的脸上写满委屈、哀伤与不解。我没有心软,迅疾地关上了门。好久,我听见枫离开的脚步声,沉重地敲打着我的心。当天晚上10点,宿舍管理员找我接电话,我知道是枫打来的,犹豫了一阵,才跑过去接听。当我抓起话筒,留给我的却是一片死寂。这也许是天意,我对自己说。我轻轻地放下了话筒,电话又尖锐地响了起来,这一次是长久,固执地。我流下了泪,是枫,一定是枫!我小心地拿起它,几乎是喊叫起来:"枫,我把真相告诉你吧……"电话那端沉默了一会儿,一个男孩怯生生地说:"对不起,请帮忙找一下二楼217房间的李小雪。"

第二天,我称病没有去上课。我把自己关在屋里,睡了整整三天。三天过去了,没有枫的任何消息。我努力地抗拒着要去找枫的强烈念头,却又下意识地捧起与枫的合影,回想与他相恋四年的点点滴滴,不禁暗自神伤。

过了半个月,还没有枫的任何消息,我实在不能忍受这样自伤的痛苦。幸好到了毕业实习阶段,原本系里安排我留校的,我找到了系主任,央求安排我到长沙一家工厂实习。我几乎是逃一样离开了武汉。在长沙的一百多个日日夜夜里,我感到了深深的后悔。然而能怪谁呢,假如爱情是一只美丽的风筝,正是我残忍地剪断了那根长长的红丝线。我因为没有那美丽的、飘飘的长发了啊!

转眼到了毕业舞会,我静静地躲在一隅。激昂而忧伤的萨克斯音乐弥漫天际地飞舞着,一对对恋人在我孤独的世界之外甜蜜地晃来晃去,幽幽的灯光投射到我的身上,倾下一片令人神伤的凄凉。我的眼泪一点一点地漫上来,今天大家都是欢乐的,而我游离于欢乐之外。

"现在,舞会进入最后一曲。"主持人宣布,我心里默念,该结束了,我的大学,还有我的初恋。

这时,枫不知从什么地方冒了出来,目光定定地冲到我的跟前,声音嘶哑地说:"我不管了,任它弱水三千,我只要梁子湖(我家乡的湖泊)一瓢饮。"说完,在众人的注目中霸道地拉着我的手,将我旋入舞池。我的红帽儿被人碰掉了;枫欣赏似的看着我又稀又短的头发,"你怎么理了个摇滚歌手头?挺好。"枫的宽容让我眼眶一热,周围的一切都仿佛停止了,一种久违的幸福牢牢地包围了我……

心灵体验

衣带渐宽终不悔,为伊消得人憔悴。枫不知从什么地方冒了出来,目光定定地冲到我的眼前,声音嘶哑地说:"我不管了,任它弱水三千,我只要梁子湖(我家乡的湖泊)一瓢饮"。

放飞思维

1.本文的故事情节是怎样的?用简洁的语言概括一下。
2.你如何理解文章标题的含义?

往事并不如烟

◆邓 皓

> 每个人走向成熟都意味着要付出代价,而付出代价的本身就是人生的另一种收获。

12 年以前,正是我的花季。

但我的花季一点儿不灿烂,也不浪漫。

很黯然。有故事为证。

这故事是关于我、萌子和河河的。

萌子是这故事的主角。萌子是个女孩,那时 17 岁。河河 18 岁。我 17 岁。

我们三个是同班同学,那一年我们面临高考,是 1983 年。参加高考要进行筛选的,筛选上了就等于上大学有了一半的把握。我们都筛选上了。也就是说我们离跨进大学的门槛很近了。

大约是离高考不到一个月的时候，事情就出了些意外。

先搁下这故事不讲，说说萌子。

萌子是我们班最漂亮的女孩。她父母是机关里的干部，她从小在县城里长大，看上去就很有些气质。虽然那时候我们眼睛要死死地盯着书本，不看萌子，但也知道萌子走到哪里，是要吸引不少男孩子的眼神的。我和河河，从乡下考到县城念书，"十年磨一剑"，因此都有些昭然若揭要登科中举的"土老冒"样子。现在想想都有些悲壮、凄凉。

那时的萌子脖子上喜欢挂一把钥匙，钥匙用一根紫色毛线系着。简简单单，却就与别的女孩不一样，让人看了觉得很童心也很青春。

我很喜欢萌子那模样儿。晚自习后回到寝室就想萌子。心事儿不敢亮着，就只催人早早熄灯。17岁的男孩什么不敢想啊！

后来就有了那件事儿。

那天，我们正上早自习。教室里满满当当坐了人。萌子突然走到讲台上，从口袋里掏出一张纸片儿，清了清嗓子，脸涨得通红地念开了。

天哪！我们原以为她要念学校里发的什么通知，原来是一封让人肉麻的情书，不知是哪一个男孩写给她的情书！

萌子一念完，整个脸庞、眼神都充满了羞辱和愤怒，一副无辜和清纯无助的样子，让人产生无限的爱怜和同情。于是立即引得好多男同学（当然有不少默默喜欢她的）、女同学的同仇敌忾！立即有人从她手上抢过纸片儿，看是谁的笔迹。

刹那间，偌大的教室里的空气像是凝固了，所有的人都等着一个结果的出现！这时，一声不亚于晴天霹雳的声音炸开了：给萌子写情书的是河河！

在一片极端蔑视的眼神和无情声讨的声浪里，我的心陡然间坠得很厉害。我的头沉沉地低下去。河河，怎么会是你？在老师和同学眼里你从来都是那般守规矩那般用功那般忠厚老实的人！这样的错发生在你身上，我宁可相信是我们这个年龄拒绝不了犯错误，而不相信错在你本身！

后来的结局就可想而知了。河河被叫到教导处接受审查，然后便是在全校大会上杀一儆百地点名批评，再后来便以匡正校风的名义给取消了参加高考的资格——高考在即还有心思去谈情说爱，怎么分析都只能是扰乱军心，影响极坏啊！

那一天河河悄悄地整理东西回家。班上居然没一个同学与他道别。我顶风险去送他。没几天工夫，河河人消瘦了一大圈，眼睛也哭肿了。做了十年的大学梦就这样破碎了，我也从心里为他感到心痛。

送河河出校门的时候，他与我抱头痛哭。一声凄厉的"我今后怎么做人啊"，让我的泪终于掉下来。

那一天黄昏,太阳涂满惨淡的血色。

河河走了。我从心底里恨透了萌子。我认定是一个女孩子的虚荣和所谓的高洁葬送了河河———一个无辜的有真正男子汉气息的男儿!

我不也是悄悄地喜欢萌子吗?我只是比河河少了一点儿勇气,难道我对萌子的感情会比河河更纯洁?

后来,我和萌子都考上了大学。那个暑假我过得很没劲,心里总是堵得发慌地想河河。命运在一念之中改变了一个人的一生,这是一种让别人也承担不起的残酷!

快要到大学去报到的前几天,萌子从几十里远的县城来乡下找我。她愈发光彩照人。我冷若冰霜地对她。我说:是你把河河给毁了!

萌子不做声,一脸的委屈,然后含情脉脉地望着我。那眼睛盯得我很胆怯。

"你不知道我一切都是为了你吗?"萌子压低声音说。那种声音提示我:萌子原来很早熟。

"为了我?"我惊讶不已,脸上露出一个不谙世事的小孩子的神态。

"其实,我心里一直喜欢你,我才把河河的那封信当着大家的面给念了。"

萌子原来喜欢我?这不是我一直期待着的吗?但现在这种事实该是幸运还是不幸呢?而且,萌子,你以为向别人标榜了自己的高不可攀和显示了自己有拒绝别人的爱的资本,同时就一定拥有了主宰自己喜欢任何一位男孩的爱的自信了吗?

原来在我、河河和萌子之间,真正渺小和卑微的……是让我们双双陷入痴迷的萌子!

那一刻,爱在我心里圣洁起来。我和河河也伟岸、坦荡起来。我们爱的原本不是萌子,我们只是经历了所有的男孩子在他的花季里必然走过的一段心路历程。

这就是我、萌子和河河的故事。一段关于成长的经历。

只是,当我们都长大的时候,我们都能宽容地原谅我们曾经所做的一切,包括我今天对萌子的理解和对河河的不再同情。因为每个人走向成熟都意味着要付出代价,而付出代价的本身就是人生的另一种收获。

那么,谁又能说出年轻时我们犯下的错到底在哪里———是不是年轻的本身?

心灵体验　　每个人走向成熟都意味着要付出代价:河河失去了参加高考的资格,萌子失去了罩在她头上的美丽的光环。但是,付出代价的本身就是人生的另一种收获———年轻,没有什么不可以。

1. 说说如何按开端、发展、高潮、结局的顺序，将故事分为四个层次。

2. 为什么说"原来在我、河河和萌子之间，真正渺小和卑微的……是让我们双双陷入痴迷的萌子"？

3. 理解标题"往事并不如烟"的含义。

误会的初恋

◆金 鹰

傍晚，我又一次坐到那张桌前，拿出自己沉甸甸的日记本，轻轻地，划燃一根火柴，将所有的往事变成灰烬。

天阴沉沉的，大概快要下雨了。我的心情也随着天气变得十分伤感，是彷徨，还是失落，连我自己都理不清楚。这可能是自己尚未成熟的原因吧。

十六七岁的女孩常常会梦想有一天自己遇到一个英俊的男孩和她相爱。那种朦胧的爱情故事谁又未经历过呢？流逝的岁月将美好的回忆淡淡抹去，晴朗的天空下又响起我爽朗的笑声。

记得那上一个初秋，我正在窗口朗读课文，这时邻班的一个英俊男孩闯入我的视线，并报以一丝甜甜的微笑，我的心猛地一动，从小到大头一次有男孩向我笑，并那么亲近，我不好意思地低下了头，心跳得厉害，脸红得像一朵红云。同桌不解地问："你怎么了？"而我竟忘回答她，糊涂地过了这一天。晚上，我悄悄打开自己带锁的抽屉，拿出记着我心事的那本粉红色日记本，它就像一把小锁紧紧锁住我的心。我拿起笔，轻轻地写道："一个男孩闯入我的心。"便甜甜地睡了。

以后几天，他也一直在窗口向我微笑，让我无法抗拒，被他紧紧地吸引住，一刻也不能放下他。终于，一向非常保守、内向的我向他打开了自己的心扉。从那以后，我开始慢慢地了解他，四处打探他的消息。原来他叫峰，是初一三班的，而且他的篮球打得特别好。有一天，我终于在人群中看到他打篮球的英姿，是那样潇洒。这时，我情不自禁地冲他招了招手。他似乎发现了我，回报的仍是一丝微笑。第二天，他便写信给我，说我像人群中的一枝兰花，挺秀淡雅，招人喜爱。看到这儿，我心里美极了。从此我们书信不断，谈学习，谈人生，反正无所不谈，不过就是没谈我们之间的事。可我还是对我们的事很有信心。他喜欢的事,自然我也喜欢,为了打篮球,我的手都破了皮。

时间过得真快,我的那本日记也越来越厚。圣诞节时,我特意跑到商店,为他挑选了一张精美的贺卡,并准备寄给他,让他有份意外的惊喜。没想到他比我动作还快,他的贺卡竟寄到了我家。我迫不及待地打开了贺卡,可又舍不得一下将那幸福的话语读完。我轻轻地闭上眼睛,调整一下自己的呼吸,真是这么兴奋。我睁开眼睛,目的地到了,是这样的话语:"美丽的女孩,你真像我远方的姐姐呀。"天哪,什么,我像他的姐姐。不可能,绝对不可能。可事实告诉我这是真的。我瘫倒在地,难道他一直认为我是他姐姐,难道这就是我一直痴迷的一场初恋。

傍晚,我又一次坐到那张桌前,拿出自己沉甸甸的日记本,轻轻地,划燃一根火柴,将所有的往事变成灰烬。我终于清醒了,因为我明白面对我的还有一片晴空,一片需要我去拼搏的晴空。

心灵体验

有一种相遇叫邂逅,有一种误会很美丽,有一种失落也甜蜜;有一片晴空属于我属于你属于阳光下青春的真实。

放飞思维

1. 用简短的语言叙述本文的故事情节。
2. 文章开头写"天阴沉沉",这对后文的写作起什么作用?
3. 文章标题你是如何理解的?

伤　痕

◆赵苇

　　　有一种伤痕是永远也擦不掉的，那就是爱的
伤痕！因为它深深地刻在心里,并且随着青春的渐
老而一触就痛。

　　那年,他和她都读初三,也许是对琼瑶小说看得太多,他俩竟偷偷地相爱了。
但中学生早恋是不允许的,他俩只能小心翼翼地交往。尽管如此,有关他和她的绯
闻还是在班上流传开来。他有些害怕,因为那时老师已准备保送他上中专。他是宣
传委员,有一天,他用粉笔在墙报上写了一篇文章,虽未指名道姓,却是指桑骂槐
地影射她自作多情。班上同学见了后,都似乎恍然大悟,原来是她在纠缠他啊！他
能够站稳立场,这不更加反衬出他的思想高尚吗?而她没有辩解,只是脸色惨白得
吓人。但那篇文章很快就被人擦掉了,不知道是谁。

　　他终于如愿以偿地上了中专。

　　中专毕业那年,他开始意识到因为自己年少懵懂而犯下的错。他写信请她原
谅,他还告诉她,那篇只保存了几个小时的文章,其实是他用黑板刷擦掉的。

　　她回信了,只有几句话:"有一种伤痕是永远也擦不掉的,那就是爱的伤痕！因
为它深深地刻在心里,并且随着青春的渐老而一触就痛。"

心灵体验

　　少男写了一篇文章影射少女自作多情,少男很快就意识到自
己犯下了一个怎样的错误,他很快就用黑板刷擦掉了。
　　但是,有一种伤痕是永远也擦不掉的,那就是爱的伤痕！

放飞思维

　　1.理解文章标题的含义。
　　2.文中的"他"为了考上中专,做了一件什么事?后来"他"后
悔了吗?你如何看待这件事?

我曾那么接近幸福

◆楚天山

> 我曾如此接近幸福，并且只有一张彩色信纸那么厚的距离！但是，在最后时刻失掉勇气的我，却错失了这次幸福。

我成长在一个单亲家庭，我的父亲在我和妹妹不到 10 岁的时候就抛弃了母亲和我们，因为他要去追求所谓的事业。好在我也很争气，成绩一直都很好，进了重点高中，又考上了一所重点大学。

在大学里，看着周围的人忙忙碌碌地开始谈着恋爱，我决定始终用一颗冷静的心去做一个旁观者，因为我知道爱情其实是很脆弱的。但是，我依然注意到了个女孩，她叫何田田。

我喜欢观察周围的事物，再加上自己的想像编进我的故事中去，也乐意沉浸在这样的故事中。我和田田在大学的头两年里几乎没有说过几句话，但我却对她很熟悉。因为田田在很长的一段时间里就是我的一个观察对象，是我记忆库中一个丰富的素材。我觉得她很有趣，有很多别的女孩所没有的个性。

一年级的下学期，我以何田田为原型，写了一篇校园小说参加征文比赛，结果得了一等奖。那次，我故意把一张刊有这篇小说的校报留在她上课时经常坐的座位上。她果然看到了，而我心里也偷偷乐了……

直到这个时候，仍没有想过自己有一天会爱上这个女孩。

从外表看，田田是个非常活泼开朗的女孩，但是她也有另外一面。有一次教室里只有几个人在休息，我看见她望着窗外凝思出神，脸上是一种我从未看到过的忧郁，和平时判若两人。她怔怔地发了一会儿呆，就伏在桌子上默默地流泪。我猜想，也许她的生活中也有着不幸经历，只是平时不说而已。

女孩子的变化似乎就在某个临界点，可不知道在哪个夜晚这个临界点就悄悄来临了。那个刚进校时羞涩的小女孩，已经不知在什么时候变成了一个美丽而妩媚的成熟少女。学校里开始有人追她了，我见过有人在上课的时候给她送情书，下雨的时候在她的宿舍楼下等，捧了 99 朵玫瑰在她的宿舍楼下等了一个晚上。不过她都拒绝了，我想她可能早就心有所属了吧。

我和田田真正开始有交往是在二年级的下学期。那时我已经成了系足球队的队长，而系队比赛的时候，按照惯例每个系的文艺部都要组织系里最活泼美丽的女生给自己的队伍加油助威。所以我们有很多队员都希望在比赛中有上佳的表演,以争取漂亮姑娘的注意。

那是一场紧张的半决赛,中场休息的时候,我们以1:2落后。

当时我正坐在一旁喘着粗气,田田递给我一瓶矿泉水,轻轻地笑着说:"看不出来你文章写得好,球踢得也不赖嘛!"我看着她,腼腆地笑了笑。

她又清脆地笑出声来:"好好踢,我相信你们一定能赢。"

下半场,我们反败为胜,我用一个精彩绝伦的直接任意球"争取"到了请她吃饭的机会。

"我早就想问你了,你小说中写的那个女主角在生活中有没有原型啊?"吃饭的时候,她睁着顽皮的眼睛看着我。

没想到她这样直奔主题,我就像一个做了错事的小孩被揪住了尾巴,慌乱得差点把一口饭喷到桌子上:"没,那完全是我想像出来的。"

"噢,我还疑神疑鬼地以为那个女孩就是我,看来是我自作多情了。"她眼睛一眨一眨地盯着我看,似乎要将我的五脏六腑都看穿。

我笑,一时不知该说什么。

……

三年级上学期的一天,田田脸色阴郁地来找我。

我们在一个没有人的地方坐下来。我问她怎么了,她说一个最好的朋友现在说"喜欢"她,她知道这个朋友各方面都很好,但她真的不能够强迫自己爱他。我安慰了她,但是我发现,自己的内心似乎一下布满了阴云。虽然我对自己说从来就没有做过爱情的梦,但那天我整个人都像被拍成真空了一样,我不得不承认,原来我无可救药地爱上了她。

之后的日子,我都生活在一种煎熬之中,我渴望理智地淡忘这份感情,可是越压抑自己,越能够清醒地意识到对田田的这份感情。终于在三年级下学期,我主动向她坦白了一切。她似乎比我还要伤心,冷冷地对我说她最担心的事情终于发生了:"你这个惟一可以让我感觉到安全的倾诉对象也不存在了!"我想是她的矜持使她这么说,但没想到她竟开始躲着我。我只好给她写信。每次,我会在信的最后多放上一张空白的彩色信纸,等她用这张信纸告诉我"愿意接受"的消息。

大学的生活似乎在突然之间就戛然而止了,我们也各奔东西,我一直没有收到田田的任何回音。巧的是我们都留在了这个城市。不过当我们几个留在本市的同学偶尔聚会的时候,我和她之间已经平静得看不出来发生什么了。

其实我依然在给何田田写信,这已经成为了我生活的一部分。

这些信依旧像泥牛入海杳无音讯,我甚至不知道她有没有收到过这些信。我好像已经不是在追求一份爱情,而是在和一个虚构中最亲密的人"分离生活"。我亲手在租的房子面前做了一个木制的小邮箱,我一次次地打它,虽然里面总是空空如也,但我总能够鼓起勇气打开,并且告诉自己,人生最重要的就是无论在什么时候都要满怀希望。

在经历了考研的失败后,我的心情非常沮丧,准备到南方去发展。可在心里还是非常惦记着何田田,我给她去了最后一封信。我说:"天下没有不散的宴席,如果我们之间真的没有缘分,那我们就该告别了。"

一个下午,我收拾好行李,准备离开这个凝聚了我6年多的快乐和忧伤的城市。出门路过邮箱的时候,终于没有再打开,我害怕留给自己的依然是个空空如也的结局。

7个月后我回到这个城市,在原来的住处发现那个小邮箱居然还在,立刻下意识地摸到钥匙打开它。于是,在厚厚的灰尘中我发现竟然躺着一封信。拆开信,里面是一张我再熟悉不过的彩色信纸,而内容居然就是何田田终于表示能够接纳我!

我曾如此接近幸福,并且只有一张彩色信纸那么厚的距离!但是,在最后时刻失掉勇气的我,却错失了这次幸福。从此,我没有了何田田的任何消息。

心灵体验

生命中有许多的细节是如此的重要,有许多的沮丧是如此的无必要,有许多的希望是要如此的等待……可是在最后的时刻我却失掉了勇气,错失了这次幸福。

放飞思维

1. 既然"我"曾那么接近幸福,可为什么又错失了这次幸福?
2. 读完全文后,你有什么感想?

　　岁月是一条河, 没有人能阻挡它永恒的流动。岁月是一双无形的手, 它把今天变成昨天, 把昨天变成历史。它像一把雕刻刀, 永无休止地雕琢着世间万物, 也镌刻着形形色色的人生。

　　它把一个又一个瞬间留在了你的旅途上, 会让你一遍一遍的回望青春, 仔细地咀嚼那带着苦涩而又让你一生难忘的历程。

岁月方舟

在海边

哼一支心底的歌

有浪花轻轻伴唱

属于我们的

永远是欢乐

不是忧伤

面对波涛滚滚的大海

该遗忘的遗忘

该畅想的畅想

海岸边伫立的不是太阳

——是我们

我们心里盛满的不是死水

——是波浪

我 不 流 泪

◆梦娃娃

放开笑容,唱起"女孩,女孩,随着那风飘过
来……"数着星星,告别那风雨飘摇的季节。

我是一个女孩子。

我曾为琼瑶笔下那凄婉忧伤的爱情故事而流泪;我曾为一只被遗弃的小猫无家可归自己却无能为力而流泪;我曾为一个未成年的孩子因考试未过90分被亲生母亲活活打死而流泪;我也曾为少女的心事和眼底那份淡淡的忧郁而流泪……

有人告诉我:"你是琼瑶笔下的烟云。"

可是,我知道:我最快乐,也最忧郁;我最活泼,也最文静;我最爱笑,也最爱哭……

在别人眼里,我是一个永远也长不大的小女孩——幼稚、顽皮、天真、孩子气!我活得洒脱,活得轻松。直到有一天,当我猛然发现,我的生日蜡烛已经是18支而不是15支;当我意识到我已是一个少女而不是那个17岁生日吵着要妈妈买吹气猫的小女孩时;当同学们用"小孩儿"、"兔子"、"三毛"来代替我的名字时,我才真真切切地意识到——和同龄人相比,我少了重要的两个字——成熟。

我问了许许多多的人——老师、同学、朋友、男孩子、女孩子、熟悉的、陌生的——"你眼里的女孩子是什么样子的?"回答:"文静、温柔、浪漫、成熟。"我不禁黯然。也许,我算得上文静,算得上温柔,也算得上浪漫。但是,我却无法,也不能称自己成熟。

问多了,问累了,我便不再问。多问一次,眼里便多一分忧郁,心底便多一分失望,那忍了又忍的泪水,终于不再沉默……

于是,多少个细雨霏霏的早晨,我期待心灵的启迪;多少个夕阳西下的黄昏,我咀嚼着最后一缕阳光;多少个星光灿烂的夜晚,我的梦里闪烁着无数颗小星……我一遍又一遍地问着自己:"是否应该为了别人而改变我自己?"

留一头披肩的长发,不再让别人老说我只有16岁;换上一件带袖的长连衣裙,遮盖自己的天真和稚气,然后提醒自己不要老是笑,老是调皮……

但是,仍然没有人说我成熟。

我却累了。

我想起了那个贪婪地望着书亭里各种各样的书刊杂志却又因为无法全部拥

有而皱鼻子、掀眉毛的女孩；我想起了那个因为一次跳远不及格倔强地跳了一次又一次咧嘴想哭却又冲着同学笑了的女孩；我想起了那个望着被冲走的凉帽无可奈何地对着大海扮鬼脸的女孩；我想起了那个喜欢微笑着看人，喜欢歪着头想问题的女孩；我想起了那个腮边还挂着泪珠却又抿嘴笑了的女孩；我想起了上体育课写"大雨哗哗下，锦西来电话，叫我快回家，老师不给假"的女孩……泪水又漫上了我的眼睛——我何苦和自己过不去？我何苦要去追求什么成熟？何苦要活得这么压抑、这么累？是呀，正因为我是我，我不是别人，所以我才和别人不一样，我为什么要为了"好女孩"的标准来改变我自己呢？放开笑容，唱起"女孩，女孩，随着那风飘过来……"数着星星，告别那风雨飘摇的季节。

我不流泪。

心灵体验

　　岁月的风铃在我们耳边丁当作响，站在青春的路口静静凝望：前方的道路曲折蜿蜒，直通向那被称为"明天"的地方。回头想想自己的过去，过去为没有得到而伤悲，过去也曾为失去而后悔。但无论如何，我不再为我的付出而流泪，我要珍惜现在拥有的一切。

放飞思维

　　1.在别人眼里，"我"是一个什么样的女孩？而"我"希望自己是一个什么样的女孩？
　　2.作者为什么说"我不流泪"，如何理解？

关 于 精 神

◆李书磊

　　我发现我内心真正向往的乃是那种反抗人生缺憾的英雄情怀，那种对人类悲剧命运了悟之后的承担。

　　初夏季节，日里夜里总传来孤单而嘹亮的鹧鸪声，在这热风冷雨的无赖光阴中乱人心肠。"惟有鹧鸪啼，独伤行客心"，鹧鸪在中国古诗中是感伤的象征，声声鹧鸪曾唤起一代代文人的多少愁怨。认真追究起来,中国古文学对我产生过最深刻影响的精神不是别的,而是感伤。喜或者怒最多只是人心而已,感伤却能彻骨。从杨柳依依、雨雪霏霏的《诗经》到厚地高天、痴男怨女的《红楼梦》,至少在我初涉人生的少年时代,是这一以贯之的感伤传统以它有毒的甜蜜滋养了我的情感。

当然,最使我倾心的还是那不知出处的《古诗十九首》。惟其不知出处,那些文字才更显得神秘,有一种天启般的意味。"思君令人老,岁月忽已晚","人生天地间,忽如远行客",这人生苦短、天地苍茫的痛楚不时地袭上心头,使那无所依凭的凄凉与空虚挥之不去。教科书里说《古诗十九首》代表了"人生的自觉",我觉得这断语下得贴切。好像是过去的人们一直都没心没肺却也兴致勃勃地存在着,去打仗,去婚嫁,去种去收,去生去死,至此才猛地恍然大悟,发现了人的真实处境,不禁悲从中来。从此这感伤情绪就一发而不可收。后世的感伤文人我最喜欢的有两位,一是李后主,一是秦少游。他们把《古诗十九首》那种无缘无由、无端无绪的感伤具体化也情景化了。李后主丢失了江山,秦少游丢失了爱人,这种人间最根本的丢失使今生今世变成了他们的伤心之地。李词"雕栏玉砌应犹在,只是朱颜改"与秦词"伤情处,高城望断,灯火已黄昏",这同样美丽的句子正可以互相印证。我们看出这种感伤既是他们对人世的控诉又是他们在人世的寄托。他们经由这感伤与人生生出了斩不断的纠缠,他们玩味甚至珍惜这种感伤就像珍惜与生俱来的病痛。这是怎样的孽缘啊。感伤的文人对人世必有的丢失总是耿耿于怀,对人生必有的缺憾不能报之以坦然;然而他们不安于生命的定数又无可奈何,他们对世界有太强的欲望却只有太弱的力量,他们既不能战胜世界也不能战胜自己。这正可以说是一种孱弱和病态,这种病态对于少年人却有无法抵抗的传染性。我那时候对感伤一派真是入迷得很。

后来,随着年龄的增长,或许是因为生命个体所秉承的趋向健康的自然机缘,我的这种感伤病在某一天霍然而愈。我对李后主和秦少游再也没有那样强烈的共鸣了。我转换了兴趣,竟喜爱起了苏东坡的达观。苏东坡无论在怎样失意的情况下都能保持心情的平和,都能欣赏身边的风景。他在赤壁赏月,在西湖种柳,一派诗心;贬谪黄州他能"长江绕郭知鱼美",贬谪惠州他能"日啖荔枝三百颗",对生命的喜悦甚至表露为这样直接的口腹之快。他放弃了对生命的无限欲望,放弃了那种"非如何不可"的悲剧感,随遇而安,没有什么事情能真正伤害他。他总能在既有的境况中获得满足,总能保持生机的充盈。他知道怎样在这大不如意的人世间保护自己。这种自我保护的心传被后人誉为"生活的艺术"。这种"艺术"同样在诸种坎坷中保护了我,使我平安度过了生于人世难免的一次次危机。

然而,到了今天,我在这青春将逝的而立之年,夜半醒来我突然感到一种大惶恐。我要一直这样平庸而快乐地活下去吗,直到暮年?在这青春将逝的时候我突然对青春有了一种强烈的留恋,突然生出一种要抓住青春、抓住生活的强烈冲动。我不要感伤但我要唤醒那占有的欲望,不要达观但要保持那种顽强的力量。我发现我内心真正向往的乃是那种反抗人生缺憾的英雄情怀,那种对人类悲剧命运了悟之后的承担。我想起了曹操的《短歌行》。"对酒当歌,人生几何!譬如朝露,去日苦多。慨当以慷,忧思难忘。何以解忧?惟有杜康。"这也是一种感伤吗?这是英雄的感伤,这是苍凉。这也是对人类命运的屈服,但这是恪尽人力之后的屈服,这种屈服中包含着人类不可折辱的尊严。我从中受到了莫大的感动,我想我要记下并且记住这壮年的感动。

心灵体验　　本文作者借古代大诗人的名句描画自己精神成长的轨迹,高雅脱俗,别具一格。美好的精神,也许会受到一时的掩盖和壅塞,但随着人生之路的不断延伸,她终究会冲破羁绊,舒枝展叶,熠熠生辉。

放飞思维　　1. 最先对作者产生深刻影响的精神是什么?随着年龄的增长,作者又对什么精神产生了兴趣?
2. 文中列举的一些文人志士的"精神"是什么?

永远的红手帕

◆高松柏

她的眸子虽然有些昏暗,但却闪烁出一种黑宝石般的光芒——我看得出,那是一种幸福的光芒。

琼是我们班上最漂亮最活泼的女生,自然就是我们的"班花"了。

那个星期六晚上,我们全班在班主任主持下,玩起了一个老游戏。

在朦胧月光下,全班同学来到操场上,面向内背向外地蹲成一个大圈,然后先由一名女生围着外围慢跑,并在跑动中把一方手帕随意丢在某一个同学背后……班主任让琼第一个出场。

琼摸出一方粉红色手帕,在朦胧月光下,红裙飘逸,像个女精灵般慢跑起来……

可她跑完一整圈,却没"逮住"那受罚者,手帕也不见了踪影。琼也记不准丢在谁背后的。"怪了,谁捡了手帕,别恶作剧了!"除了班主任严厉的声音,操场上寂静极了,大家十分尴尬。

整个星期六晚上强都没睡——他在昏暗的宿舍里一直写到早上。第二天一整天,他都显得心神不定,见着我时竟像个乡下姑娘似的羞红着脸,说起话来语无伦次结结巴巴。下了晚自习,他一把将我拉到操场边上。在黑暗中,他终于鼓足勇气:"班长,拜托了,你知道我不善交际……"嗬,一封给琼的信!

我照办了。

琼没看完信,只嗤嗤地笑笑,摇摇头,便把信塞还给我:"请别管闲事,班长大人。"

转瞬间这已成为40年前的事了。

如今琼和我们曾一起玩过丢手帕游戏的男女生们,都已成家立业,养儿育女,继而两鬓微白,步入了老年。

筹备已久的同学会是一次不寻常的聚会,主持人就是我。虽然老校长已经"作古",但年轻校长、教导主任、特邀教师和我们几十位老同窗,可谓济济一堂,确实显得十分隆重。

对这次同学会强显然非常重视。他穿一件灰色西服,系一条紫色领带,稀疏的头发修剪整齐,显得十分精神。一坐到我旁边就兴奋地东张西望,似乎在寻觅什么。

琼坐在会场的右后角,她穿一件紫色休闲服,烫卷的发下那张略显苍老但风韵犹存的面庞,仍然一下子能让人想起40年前的"班花"风采。

会议进入自由发言自由交流,由于一种朦胧的积聚已久连自己也无法说清的意念作祟吧,我碰了一下旁边的强:"琼十多年没再婚呢。"

"我知道……"

"怎么样?拿出点儿勇气来,像个男子汉……"

他犹豫了一下,然后笨手笨脚地从兜里摸出一封信和一方粉红色的手帕。

"班长,拜托了,你知道我不善交际……"

我感动了,感动得像个孩子。

于是我就像个孩子一样,怀着一种可以感动上帝的信心和冲动,激动地站了起来,向着整个会场大声地说:

"同学们,这封信是40年前张强同学写给李琼同学的,这方手帕是40年前李琼同学丢给张强同学的,现在是物归原主的时候了……"

当我把信和手帕送到琼面前时，她眼里噙满了泪水。她的眸子虽然有些昏暗，但却闪烁出一种黑宝石般的光芒——我看得出，那是一种幸福的光芒。

心灵体验

玉树临风，冰清玉洁，衣袂飘飘，长歌激越，多么美妙的词汇，这些属于青春，属于"强"和"琼"。属于感动，属于大大小小、老老少少的孩子们。

放飞思维

1. 找出文中前后照应的地方，说说它的作用。
2. 为什么说是"永远的红手帕"？你如何理解。

美丽的胡萝卜

◆刘心武

既然自古就有爱情这么一种东西，那么，它那最恒定的内核，一定是单纯而质朴的，犹如一根通红秀美新鲜结实饱含汁液的胡萝卜。

亲爱的女儿，今天是你20岁的生日，继你爸爸上周出差，今天我也要出差，我把这封信留在生日蛋糕旁边，这样你一回家就可以先读它了。你上月整整一个月没有回家，却来了封信，你在信上问：妈妈，究竟什么是爱情？你是大学生，你们这一代人有些不屑于向我们这一代人请教这类问题的，但是，从你闪烁的字句和颤动的笔触中，我感觉到了你的困惑和焦灼。我亲爱的女儿啊，你一定遇到了任何书本都没专为你准备的现实问题……

什么是爱情？老实说，我答不出。但我想到了20岁时候的自己。那一天，我在师范学院的大门口转来转去，活像热锅上的蚂蚁。我在等他，可他没有在预期的时间范畴里出现。我觉得太阳是绿的，而树木是红的，从我身边经过的熟人或生人全都惊异地望着我，有的还过来说几句询问或打趣的话语，但这一切对于我来说都没有丝毫的意义。在那一段时间里，我心头充满不祥的预感，我想他搭乘的那一趟长途汽车肯定半道翻车了……我觉得自己心里空空的，我突然前所未有地痛楚地意识到他对于我的极端重要性。

他竟然突然出现了，我感到太阳依然是红的，树木依然是绿的，我的心因为过分充实而显得有些憋闷。我把他引到校园的一角，他从挎包里，取出一根胡萝卜，塞在我手中，对我说："原谅我，原谅我，原来是3根，可只剩下这一根了……"

他高我一届，毕业后分配在远郊县一所农村中学教书。他乘长途汽车进城途中，汽车抛锚了，那车足足修理了两个多钟头才重新行驶。当乘客们坐在路边田坎上等候时，有个妇女晕倒了，是饿晕的。亲爱的女儿，那年头在我们共和国历史上被称为"三年困难时期"，因饥饿而浮肿而晕倒的事并不罕见……当人们摇醒她以后，他给了她一根胡萝卜，而她立即嚼着吃了，脸上恢复出一个笑容……没想到另一位看上去并不虚弱的老人伸手向他要胡萝卜，他不愿给，他说："您知道吗？我们一个月只发15根胡萝卜，这是我带进城……给我妈的礼物。"他妈妈其实早去世了，他是为我带来的。但临下车时，他心里过意不去，又主动把一根胡萝卜给了那老人，而那老人也就道谢着收下了。他只剩下一根胡萝卜给我，那真是世界上最美的胡萝卜……亲爱的女儿啊，对于我来说，爱情是和3根胡萝卜联系在一起的，而后来所出现的爱情结晶，你猜到了，就是你。

你成为一个独立的个体了。你们这一代对于爱情一定有许多新的发现和新的理解，然而，依我想来，既然自古就有爱情这么一种东西，那么，它那最恒定的内核，一定是单纯而质朴的，犹如一根通红秀美新鲜结实饱含汁液的胡萝卜。

女儿啊，掀开蛋糕边盘子上的餐巾纸吧，希望你不但细细地看，深深地想，而且希望你吃上一根，那本是可以生吃的，富有特殊的营养……

心灵体验

既然自古就有爱情这么一种东西，那么，它那最恒定的内核，一定是单纯而质朴的，犹如一根通红秀美新鲜结实饱含汁液的胡萝卜。故事还提示人们：要真诚地面对，要单纯地面对，要勇敢地面对，也要细细地、深深地面对。

放飞思维

1. 作者为何把爱情与胡萝卜联系起来？两者到底有什么关联、相似之处？

2. 读完本文之后，你明白了爱情究竟是什么？写一写你的感受。

生命的滋味

◆（台湾）席慕蓉

　　整个人类的生命就如一件一直在琢磨着的艺术创作，在我之前早已有了开始，在我之后也不会停顿不会结束；而我的来临我的存在却是这漫长的琢磨过程之中必不可少的一点，我的每一种努力都会留下印记。

一

　　电话里，T告诉我，他为了一件忍无可忍的事，终于发脾气骂了人了。

　　我问他，发了脾气后，会后悔吗？

　　他说："我要学着不后悔。就好像在摔了一个茶杯之后又百般设法要再粘起来的那种后悔，我不要。"

　　我静静聆听着朋友低沉的声音，心里忽然有种怅惘的感觉。

　　我们在少年时原来都有单纯与宽厚的灵魂啊！为什么？为什么一定要在成长的过程里让它逐渐变得复杂与锐利？在种种牵绊里不断伤害着自己和别人？还要学着不去后悔，这一切，都是为了什么呢？

　　那一整天，我耳边总会响起瓷杯在坚硬的地面上破裂的声音，那一片一片曾经怎样光润如玉的碎瓷在刹那间迸飞得满地。

　　我也能学会不去后悔吗？

二

　　生命里充满了大大小小的争夺，包括快乐与自由在内，都免不了一番拼斗。

　　年轻的时候，总是紧紧跟随着周遭的人群，急着向前走，急着想知道一切，急着要得到我应该可以得到的东西。却要到今天才能明白，我以为我争夺到手的也就是我拱手让出的，我以为我从此得到的其实就是我从此失去的。

　　但是，如果想改正和挽回这一切，却需要有更多和更大的勇气才行。

　　人到中年，逐渐有了一种不同的价值观，原来认为很重要的事情竟然不再那么重要了，而一直被自己有意忽略了的种种却开始不断前来呼唤我，就像那草叶间的风声，那海洋起伏的呼吸，还有那夜里一地的月光。

多希望能够把脚步放慢，多希望能够回答大自然里所有美丽生命的呼唤！

可是，我总是没有足够的勇气回答它们，从小的教育已经把我塑铸成为一个温顺和无法离群的普通人，只能在安排好的长路上逐日前行。

假如有一天，我忽然变成了我所羡慕的隐者，那么，在隐身山林之前，自我必定要经过一场异常惨烈的厮杀罢？

也许可以这样说：那些不争不夺，无欲无求的隐者，也许反而是有着更大的欲望，和生命作着更顽强争夺的人才对。

是不是可以这样解释呢？

三

如果我真正爱一个人，则我爱所有的人，我爱全世界，我爱生命。如果我能够对一个人说"我爱你"，则我必能够说"在你之中我爱一切人，通过你，我爱全世界，在你生命中我也爱我自己"。

——E·佛洛姆

原来，爱一个人，并不仅仅只是强烈的感情而已，它还是"一项决心，一项判断，一项允诺"。

那么，在那天夜里，走在乡间滨海的小路上，我忽然间有了想大声呼唤的那种欲望也是非常正常的了。

我刚刚从海边走过来，心中仍然十分不舍把那样细白洁净的沙滩抛在身后。那天晚上，夜凉如水，宝蓝色的夜空里星月交辉，我赤足站在海边，能够感觉到浮面沙粒的温热干爽和松散，也能够同时感觉到再下一层沙粒的湿润清凉和坚实，浪潮在静夜里声音特别缓慢，特别轻柔。

想一想，要多少年的时光才能装满这一片波涛起伏的海洋？要多少年的时光才能把山石冲蚀成细柔的沙粒并且把它们均匀地铺在我的脚下？要多少年的时光才能酝酿出这样一个清凉美丽的夜晚？要多少多少年的时光啊！这个世界才能够等候到我们的来临？

若是在这样的时刻里还不肯还不敢说出久藏在心里的秘密，若是在享有的时候还时时担忧它的无常，若是在爱与被爱的时候还时时计算着什么时候会不再爱与不再被爱；那么，我哪里是在享用我的生命呢？我不过是不断地在浪费它在摧折它而已罢。

那天晚上,我当然还是要离开,我当然还是要把海浪、沙岸,还有月光都抛在身后。可是,我心里却还是感激着的,所以才禁不住想向这整个世界呼唤起来:

"谢谢啊!谢谢这一切的一切啊!"

我想,在那宝蓝色深邃的星空之上,在那亿万光年的距离之外,必定有一种温柔和慈悲的力量听到了我的感谢,并且微微俯首向我怜爱地微笑起来了罢。

在我大声呼唤着的那一刻,是不是也同时下了决心、作了判断、有了承诺了呢?

如果我能够学会了去真正地爱我的生命,我必定也能学会了去真正地爱人和爱这个世界。

四

所以,请让我学着为自己的行为负责,请让我学着不去后悔,当然,也请让我学着不要重复自己的错误。

请让我终于明白,每一条走过来的路径都有它不得不这样跋涉的理由,请让我终于相信,每一条要走上去的前途也有它不得不那样选择的方向。

请让我生活在这一刻,让我去好好地享用我的今天。

在这一切之外,请让我领略生命的卑微与尊贵。让我知道,整个人类的生命就如一件一直在琢磨着的艺术创作,在我之前早已有了开始,在我之后也不会停顿不会结束;而我的来临我的存在却是这漫长的琢磨过程之中必不可少的一点,我的每一种努力都会留下印记。

请让我,让我能从容地品尝这生命的滋味。

心灵体验

读完这篇文章,我们可以感受到久疏了的亲切,也觉得自己的心缝间正在生长起一种温馨,感到暂时涤净了琐屑的尘虑,扫去了平庸的烦忧。细品之下,便如掬起一捧一捧的没有杂质的生命之泉,带来丝丝禅意。

放飞思维

1. 作者是怎样看待"学着不去后悔的"?

2. "那些不争不夺,无欲无求的隐者,也许反而是有着更大的欲望,和生命作着更顽强争夺的人"这句话怎么理解?

3. 从文中摘录下给你启示的句子。

乡间小路带我回家

◆苏 童

> 在乡村歌谣特有的清新忧伤的旋律中，我想
> 像着一座高高的山，一条湍急的河流，一个在旅途
> 上怀念家乡亲人的漂泊者。

青春无罪，这句话的侧面意义是青春无辜。我想每个人都有一个生机勃勃而杂乱无序的青春期，而人们在青春期喜欢迷恋上的事物往往也是不改容颜。它在你的心中永远保持着某种明丽如杏黄的色彩。

大约在十几年以前，一首名叫《乡间小路带我回家》的英文歌曲风靡大学校园。那些稍具有英文基础而又喜欢唱歌的校园青年不约而同地学会了这支歌，几乎所有的校园晚会上都会有个男孩怀抱吉他站在台上，或者老练或者拘谨地弹唱这支歌；而我作为一个极其忠实的听众，张大了嘴伸长了耳朵站在人群中。在乡村歌谣特有的清新忧伤的旋律中，我想像着一座高高的山，一条湍急的河流，一个在旅途上怀念家乡亲人的漂泊者。歌中的山是西弗吉尼亚的山(我错误地把它想成著名的落基山)，河流是一条叫香纳多的河，漂泊者不知为何人，我便自然地把他想像成自己，因此我被这支歌深深地感动了。我才不管它唱的是哪国的山哪国的河呢，每次唱到"乡间的小路带我回家"那一句时，我总是被唱得浑身一颤。

我至今不知约翰·丹佛为什么如此轻易地感动过中国的一代青年，就是因为乡村歌曲的柔情与感伤的魅力吗？抑或是异种语言歌唱的别国他乡易于俘获那迷惘的一代？我对其答案一直不求甚解，我想被歌声所感动是每个人的权利，而这份权利是无需用理性去层层探讨的。一个人因为被一支歌所感动，不管它是一支什么歌，那一定是一件单纯而又美好的事情。

时光机器当然是在不停地洗涤我们身上青春的痕迹，你年轻时喜欢的歌在劳碌或发福的中年期生活中会一去不返。有一次我偶尔翻出多年前熟听的约翰·丹佛的磁带，所谓的怀旧心情使我把磁带放进了收录机的卡座，但我听见的是一阵刺耳的失真的人声噪音，那盒磁带也被时光机器销毁了，一种怅然心情油然而生。我觉得自己的青春时代也像那支歌一样无法拾回了，乡间小路，它似乎不能带我回家了。

我没想到我后来是在真实的落基山上拾回了那支歌，更没想到在落基山上想起那支歌想起的仅仅是一种虚幻的遥远的旋律。落基山下没有那条香纳多河，落

基山上的路是一条标准的盘山公路,山顶覆盖着积雪,山坡上到处可见赭红色的岩石和清澈的溪流,还有人工种植的杉树、松树林和受到保护的鹿和野兔,落基山的景色之美超出了我的想像,却不是我的想像。我对驾车陪我上山的友人说,歌中的落基山与事实不符。友人愕然,他不懂我在说什么,其实我知道自己词不达意,但有时候人是无法把心情表达得淋漓尽致的,尤其是这种心情与一首什么歌有关的时候。

我在落基山上也没有发现乡间小路,我知道乡间小路已经不能带我回家,带我回家的肯定是汽车、火车或飞机。

心灵体验

作者先写自己的青春时代被一首英文歌曲打动,这是一种幸福。后来随着时光的流逝,成熟所带来的失落感,又总促使他们去寻找青春的足迹,所以留给自己一些旧日的心灵空间,乡间小路可以带每个人回家。

放飞思维

1.作者说"每次唱到'乡间的小路带我回家'那一句时,我总是被唱得浑身一颤。"对此你如何理解?

2.题目为什么取"乡间小路带我回家"?

手中的幸福

◆郭 晨

我一直在哭,一直在哭,哭我没有鞋穿。直到有一天,我看到有人没有脚……那一刻,我读懂了幸福的真正内涵。其实,幸福就是一种拥有、一种追求、一种对生活的审视和发现。

我一直弄不明白,爸妈既然生了一个聪明漂亮的姐姐,为何还要让貌不惊人的我来到这个世上。从小,我就生活在姐姐的"阴影"下。

姐姐长得很漂亮,而且她学习成绩很好,每次家长会都让爸妈无比骄傲自豪。相比之下,仿佛一个急转弯,所有的"灾难"和"不幸"都降临到我身上,小眼睛、塌鼻子、学习成绩也一般,和姐姐相比,我简直就是一只"丑小鸭"。因此,我的性格与活泼外向的姐姐形成了强烈的反差,我不爱说话,不爱与人交往,只与书本对话,向日记倾诉,把自己藏在一个小小的自我世界里。曾经有一度,我觉得自己就是世界上最不幸的人。

后来我上了军校,大二时,学校与湘西一所乡村小学进行"手拉手心连心"活动,我抱着一种无所谓的态度给一个女孩儿寄去了100元钱。当时只是为了响应学校的号召,没想到,我竟然收到了小女孩儿的来信。信中她用我始料不及的热情表达她的感激,并向我讲述了她的生活。他们一家五口,家里的经济来源就靠几亩地和几棵果树,生活十分困难,但他们姐弟三人都想读书。女孩儿说,如果不是我的帮助,她可能就无法继续上学了,她一定会好好学习来报答我。信中还附了一张他们姐弟三人的照片,中间的她瘦瘦小小,看起来弱不禁风,但那双大眼睛里却流露出一种企盼,一种希望。我注意到他们都穿着城里人早已丢弃不穿且打满补丁的衣服,三个人紧挨在一起,身后是一间破旧矮小的瓦房。也许是看惯了城市里灯红酒绿的生活,我简直不敢相信,在今天还会有这样的家庭和这样的生活。

隔一段时间,我就会收到小女孩儿的来信,向我汇报学习和生活情况。面对这样一个纯真质朴、对未来生活充满无限渴望的小女孩儿,我只想尽可能为她做点什么。我一改过去花钱大手大脚的习惯,生活开始精打细算起来,我定期给她汇款过去,还时常摘抄些名言警句给她,因为心里有了惦念,我的日子似乎一下变得充实起来。

是一个细节让我彻底顿悟的。有一天,小女孩儿收到我给她寄去的全家福后来信说:"我好羡慕你,能在大城市上学,还有一个幸福的家庭,你一定很快乐吧?"她的言语间流露出一种深深的向往。当时我真的愣住了。一千个人对幸福有一千种诠释,在小女孩儿的眼中,我是幸福的,这么多年以来,幸福就在我身边,它很简单,可我怎么就没有发现呢?

再后来,我就读到了海伦的那句话:"我一直在哭,一直在哭,哭我没有鞋穿。直到有一天,我看到有人没有脚……那一刻,我读懂了幸福的真正内涵。其实,幸福就是一种拥有、一种追求、一种对生活的审视和发现。每个人都拥有属于自己的幸福,很多时候,幸福就在我们手中,只是我们没有经意而已。"这以后,我常常对自己说:"就算你是一只丑小鸭,也要做一只快乐的丑小鸭。"因为只有懂得珍惜自己的所有,我们才会过得幸福。

心灵体验

在所有的人生体验中,幸福可能是一种最无确定指向和定义的。幸福是一种感觉,是心灵的一种愉悦、惬意的感受和状态。锦衣华食、钟鸣鼎食的人,未见得幸福;粗衣布履、粗茶淡饭的人未见得不幸福。因为幸福和物质无关，幸福和爱相伴而生，幸福的获得离不开爱的施予，爱则源自对幸福的认同和追求。

放飞思维

1. 是一件什么事让作者发现了幸福就在她身边？
2. 你认为幸福是什么？写一写你的感受。

当她 18 岁的时候

◆王开岭

她会用一生来追求美；她会在很久以后的某个夜晚，深情地将这个故事讲给子孙们听；她会在弥留之际，在同这个世界告别的时候，要求再听一遍那支曲子……

康·巴乌斯托夫斯基在《一篮枞果》中写了这样一个故事：

挪威少女达格妮是一位守林员的女儿，美丽的西部森林使她出落得像仙子一样亭亭玉立，像花朵一样迷人。18 岁那年，为了迎接新生活，她告别父母，来到首都奥斯陆。

傍晚，她在公园边散步，远处飘来了美妙的交响乐声。

原来是在举行盛大的露天音乐会。她挤在人群中，使劲地朝舞台那儿眺望。猛然，她一阵战栗，报幕员在说什么？她几乎不敢相信自己的耳朵——

"下面，请演奏我们的音乐大师爱德华·格里格的最新作品……这首交响乐的献辞是'献给守林人哈格勒普·彼得逊的女儿达格妮·彼得逊——当她年满 18 岁的时候'。"

达格妮惊呆了。这是给自己的？音乐响起，如梦如幻的旋律似遥远的松涛在蔚蓝的月夜中汹涌，渐渐，少女的心被震撼了，她虽从未接触过音乐，但这支曲子所倾诉的感觉、所描述的景象、所传递的语言……她一下子就懂了！那里有西部大森林的幽静、脆美的鸟啼、黎明的雾、枞果的清香、露珠的颤动、溪水的流唱、松软的草地、云雀疾掠树叶的声音，还有一个拾枞果小女孩颤颤的身影……她被深深感动了，隐约想起了什么。

10 年前，她还只是个满头金发的小丫头。秋日的一天，她挎着一只小篮子，在森林里采摘枞果和野花。一条幽静的小路上，她突然看见一个穿风衣的陌生人在散步，看样子是从城里来的，他看见她便笑了……他们成了好朋友，陌生人非常喜欢她，给她讲故事，帮她摘枞果，采野花，做游戏……最后，陌生人一直把她送回家。就要分手了，她恋恋不舍地望着他:我还能再见到您吗? 陌生人也有些惆怅，似乎在想心事，末了，他突然神秘一笑:"谢谢你，美丽的孩子，谢谢你给了我快乐和灵感，我也要送你一件礼物——不，不是现在，大约要 10 年以后……记住，10 年以后! "

达格妮迷惘又用力地点点头。时光荏苒，森林里的枞果熟红了一个又一个秋季，那位陌生人没有再来……她想，或许人家早就把这事给忘了吧。

此刻，达格妮什么都明白了。那个曾与自己共度一个美好秋日的，就是眼前音乐会的主人:尊敬的爱德华·格里格先生。

音乐降落时，少女泪流满面，她竭力克制住哽咽，弯下身子，把脸颊埋在双手里。那一刻，她觉得自己成了世上最幸福的人!

演出结束了，达格妮再也抑制不住激动，她像一只羞红的小鸟，朝着海滩跑去，似乎只有大海的胸怀，才能接纳自己内心的澎湃。在海边，在六月的白夜，她大声地笑了……

康·巴乌斯托夫斯基如此评价道:"有过这样笑声的人是不会丢失生命的! "

最初读到这个故事，我立即被它的美强烈地摄住了。被大自然的美，童年的美，少女的美……这样的经历，对一个孩子的灵魂将产生多么深远而奇特的影响啊! 少女的明亮笑声中包含了多么巨大的憧憬，多少对生命的信心、感激和热爱……谁也不会怀疑，这个幸运的少女会一生正直、勇敢、善良、诚实……她会用一生的努力来报答这份礼物，她要对得起它! 她决不会堕落，决不会庸俗，决不会市侩和丑陋……她会用一生来追求美;她会在很久以后的某个夜晚，深情地将这个故事讲给子孙们听;她会在弥留之际，在同这个世界告别的时候，要求再听一遍那支曲子……

她的后代也将像她一样热爱这支曲子。和她一样，他们是不会丢失生命的。

一切美好得不可思议!

这是我所知道的、由艺术送出的最灿烂最浪漫的花篮，最贵重的成年礼! 而达格妮，也是世界上最幸福和幸运的少女。

心灵体验

静谧的天空，每颗星都有自己的轨迹。让我们在生活中找到自己的最佳位置，心中的世界也许会变得和谐而安宁，这就是幸福。文中的达格妮，就是世界上最幸福的少女，当她年满 18 岁的时候,她收到了最贵重的成年礼。珍惜拥有,把握现在,让精神之火,理性之光,照亮我们的幸福之路。

放飞思维

1.当达格妮年满18岁的时候,她收到了一份什么样的礼物?她有什么反应?

2.文中为什么说"她的后代也将像她一样热爱这支曲子。和她一样,他们是不会丢失生命的"?你如何理解?

20岁,我哭了

◆周 晴

> 欢笑一下子充满了整个房间,相册、娃娃、围巾……堆了一桌子,我们吵啊,闹啊,笑声夹着歌声一次又一次地爆发。当20只蜡烛点燃的时候,我发现自己在这一个晚上拥有了太多的快乐。

小时候,日子是坎坷的,家里很少有一种快乐的气氛。但每年我生日那天,家里总是愉快的。妈妈会烧那么多好吃的菜,爸爸也会买几件礼物,我便俨然成了骄傲的小公主。那时常想,莫非我的生日,真是一种能使大家欢愉的神奇魔力!

每年,我都盼望生日。每年,都在欢乐中度过生日。终于,我20岁了。

"20岁是个大生日。"同学对我说,爸爸妈妈也这么说。我参加好几个同学的20岁生日宴会。或许是家里的房子都不大,也或许有长辈在旁边,是总有几分别扭的宴会。爸爸妈妈如不参加,同龄人有的是自己的快乐。一个狂欢的夜晚,常常让我们一下子感觉到自己长大了。

我的生日也要这样过,我想。可是,我有些为难了。

母亲早几天就在张罗着问我爱吃什么?父亲还问我喜欢什么礼物。我怎么开口呢?

时间不等人,同学是早就约好了。如果爸爸妈妈请来外婆一家,就麻烦了。我嗫嗫嚅嚅地开了口:"我想请同学来热闹一天,你们那天先不参加,过几天家里再过,好吗?"

我看到他们都不吭声了,脸色也不大好看。我差不多要哭了,亲爱的爸爸妈妈,你们能理解女儿吗?她也是大人了,也有自己微不足道的社交,和由此产生的欢乐,而这一切,我怎么说得清楚呢?

僵了好一会儿,爸爸叹口气说:"好吧!我们出去躲一个晚上。"

生日那一天,妈妈还是为我买了许多荤素小菜,但大家都有些沉默,我有些不知所措,不久,爸爸妈妈带着弟弟出去了。

我一个人,忙得不亦乐乎。菜摆满了一桌子,够丰盛的。我欣赏着自己的杰作,得意中常常掠过几丝不安,剪不断,理还乱,拂去又来,直到同学们来以后,这几丝不安才冰消雪融。

欢笑一下子充满了整个房间,相册、娃娃、围巾……堆了一桌子,我们吵啊、闹啊,笑声夹着歌声一次又一次地爆发。当20只蜡烛点燃的时候,我发现自己在这一个晚上拥有了太多的快乐。

10点,爸爸妈妈回来了,我笑着请他们吃蛋糕,他们也很高兴地与同学打招呼,吃了蛋糕,回自己房间去了,我送走同学回来时,他们已关灯睡了。以后几天,爸妈变得沉默寡言了,我也很难解释。

不久的一个下午,朱叔叔突然夫妻联袂来访。一进门,就对爸爸说:"今天要躲儿子生日,来你家混顿晚饭,你招待不招待?"他爱人俞阿姨也忍不住说:"十月怀胎,一把屎一把尿的,好容易盼到他20岁,想同他欢欢喜喜过个生日,也不成。他要请同学,不要老头子老太婆了,想想真伤心啊!"说着眼泪真的下来了。

大家都愣住了,妈妈跟着长叹一声,爸爸朝我眨眼睛。我鼻子一酸,哭了。

心灵体验 本文借过生日这则小事,展示了一位普通中学生的心境。爱,是相互的,相通的,相怜的。我们在享受父母呵护之爱的同时,千万不要忘了体味、关怀与回报。

请记住这句话吧:滴水之恩当涌泉相报。

放飞思维 1.你平常过生日是如何过的?你为你的父母过过生日吗?
2.这个故事使你得到了什么启发?

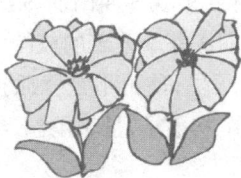

细雨中的梦幻

◆郝春华

我们并不是生活在世外桃源，现实不但有诗
有梦有歌有笑还有风暴有雷霆!

窗外,雨在悄悄地织着一幅如烟似雾的薄纱,将天地都笼了进去。一丝轻风掠过,几缕雨线偏离了原来的轨道,飘过纱窗,洒在我的发际、唇边。哦,清清的,凉凉的,仿佛还带着一点儿若有若无的苦涩。

我手捧着一封沉重的信,蒙眬的视野里,恍惚出现了个天真的、充满幻想的女孩子的身影,时而静静地沿着润湿的小路走着,时而发出清脆的笑声……啊,雨翡,是你吗?我想睁大眼睛看个明白,但瞬间,那个身影就消失了,只有蒙蒙烟雨仍在烟雨蒙蒙。

"雨翡,雨翡,你还……好吗?"纷乱的风翻卷起我的思绪,我又忆起那些无法忘却的往事……

那是一个周日的下午,空中也飘着这样的雨丝,烟村、绿野、碧树都成了淡墨水彩画。就在校外那条蜿蜒的田间小路上,独步雨中的我遇到了同样在雨中独步的你。那时,你晶莹的眸子里写着一抹无从说起的淡淡的忧伤与激动,你手里握着一束刚刚采下来的野花,花瓣上闪动着几颗星星般的雨珠。

记得当时,我们互相凝视了片刻,接着,你的视线落在我那件浅紫色的衬衣上。你微笑着轻轻地说:"你知道吗?我正在默念戴望舒的《雨巷》,谁知就真飘来了'一位丁香一样结着愁怨的姑娘',好巧!"我也禁不住笑了:"是吗?可惜我不是'结着愁怨',而是'结着惊喜'。""惊喜?""是啊,好不容易两个喜欢淋雨的傻瓜碰到了一起,不'惊喜'难道'惊悲'吗?"不约而同地,我们哈哈大笑起来。虽然我们不曾相识,却一见如故了。是的,一见如故……

不记得那天的雨是何时停的,只记得我们在那条小路上留下了一串又一串脚印;只记得我们默默地聆听着微微的雨声,仿佛在一支柔美恬淡的古曲里漫游,谁也不多说一句话。还记得后来,你告诉我你叫雨翡,是高我一级的学生;再后来,我们就披着暮霭,走回到了那个我们深深挚爱着的校园。

从此,每一个细雨飘飞的日子里,便再不是我孤独的身影茕茕孑立;从此,每一个微雨轻洒的夕阳下,便有两个女孩子,扯着雨丝,编织着一个个美丽动人的故事……

雨翡,那时的你,总是那样喜爱幻想,那样充满自信。"小云,我们都喜欢雨,将来,我们一起去做个'雨季诗人'好吗?"你睁大双眼,憧憬着美好的"将来","真的,我要做个诗人,我不但要写出'留得残荷听雨声'的凄凉,我还要写出'夜阑卧听风吹雨,铁马冰河入梦来'的悲壮,我更要写出'大雨落幽燕,白浪滔天'的豪迈,我要把这清新莹洁的雨中世界写进我的诗行,让更多的人来欣赏它、感受它。我相信,缪斯会向我微笑的。你说呢? 小云。"你眼睛里闪耀着那簇希望之火,我只觉得我也要被它燃烧起来了。

雨翡,多少个日子,我们就这样平静而美丽地过去了。直到有一天,你纷飞的泪花如同纷扬的雨丝,你抽泣着告诉我,你那不富裕的家庭,需要你告别学校,去做那位"富得流油,又有权有势,嫁过去准享一辈子福"(你父亲的话)的村长的儿媳时,我才猛然惊觉,我们并不是生活在世外桃源,现实不但有诗有梦有歌有笑还有风暴有雷霆!

雨翡,你不知该如何面对这个事实,你痛哭过,你哀求过,你也抗争过,终于,你失望了。在那个凄迷的雨季里,你离开了学校,带着难拗的父母意愿,带着那个没有结局的梦,带着我一颗失落的心和无语的祝福……

你出嫁的那天,喧闹的锣鼓声沸腾了你那个不算很大也不算太小的村子。震耳欲聋的鞭炮声中,我眼前旋转着的是一双双眼睛:满足的是你的母亲,得意的是村长那个不学无术的公子,艳羡的是你那众多的乡亲……只不知道你——躲在披红挂彩的轿车里的雨翡,此刻是什么样子?

那天,也是细雨蒙蒙,但不是在校外散步,而是一个女孩子在哀哀饮泣……

那年,正是你 17 岁的如花时光……

雨点飘洒在窗上,打断了我的回忆,我继续往下看信。

"……一切都已成为过去,再没有了那个你熟悉的、有太多梦想的雨翡,有的只是一个令不少人眼红的少妇(别怪我太残忍,小云,这已是事实)。我闹不明白,我到底是有幸还是不幸? 我更闹不明白,身为农村的女孩子为什么就只有这么一条路? 小云,真的好羡慕你,还有一个绿色的校园,一个有可能实现的梦……"

读着信,我禁不住泪如泉涌……

如今又是细雨霏霏,那个曾经同我一道听雨的女孩子呢?

心灵体验

文章中"细雨"的意象贯穿始终,从两人相识、相知到分离,好友的命运变故,让人体会到了理想与现实之间的距离和矛盾。在作者的心目中,好友的离开是因为现实的残酷,对和好友在一起的那段美好时光的怀念，更增添了内心的伤痛。文章结构精巧、首尾呼应，而作者对好友的真切关怀更衬托出了一颗美好的心灵。

1."那天，也是细雨蒙蒙，但不是在校外散步，而是一个女孩子在哀哀饮泣……"你是如何理解这句话的？

2.仔细读完全文，本文采用的是什么样的写作手法？

我怎样成为刚毅的男子汉

◆陈丹燕

我从小努力，而且得到指导和承认的目标，本来以为这就是全部，可到你努力到头的时候，发现他们要求的不是这样。我成了一个不合格的人；而且是从小的努力和教育，让我不合格的。

我是一个在1972年出生的男孩，那时上海还没有实行独生子女政策，所以我算是最自觉地成了独生子女的那一批人。在童年时代，当我告诉别人我是独生子女的时候，同伴一般还是羡慕我的；他们想到的是家里的好东西都是我一个人占着，妈妈爸爸也最爱我，没有一个比我好的手足来和我抢父母的爱。小时候上学，要是突然下雨了，我每次都有人来送伞，而许多同学，是在雨里自己跑回家的，这时候大家都觉得我是最幸福的孩子，我自己也这么想。那时候，有比同伴更多的父母之爱，是值得骄傲的。

而大人的反应是，你是父母的全部希望，你要好好争气。

应该承认，我的父母真的爱我。他们代替我做了大多数本来应该是我做的事。我只要做好一件事就可以了，就是做一个乖乖的听话孩子。这是我小时候他们对我的惟一要求。我也努力照他们的要求去做。不爬高，不和人打架，不做危险的事，不弄脏衣服，老师说什么我做什么，看到他们的朋友，叫叔叔、阿姨。弄堂里的大人碰到我父母总夸我听话，文雅，不像其他男孩子那样淘气。当时我听到这样的表扬，心里是很高兴的。而现在，我感到愤怒了。

后来，我上学了，他们对我的要求是什么都不要我管，只要我好好读书。因为要让我受到比较好的教育，爸爸把我送到离家很远的一个重点初中里读书。我每天要很早离开家，所以很长一段时间，我是一边吃饭，妈妈一边帮我系鞋带，而且从来不自己整理自己的房间，当然也不洗自己的衣服。

那时候我已经长大了，看到母亲疲惫的身影，很想替妈妈分担一些家务。可我从来没有做过，刚开始做，总是出错，一出错，妈妈就抢过去，说："你放着吧，我看你做，心里都难受，还不如我自己做。"

我其实非常爱我的父母，但是我不能用自己的行动来爱他们。只有一件事我可以做，就是好好读书。要是我考试有了好分数，他们的脸就会发光，好像所有的苦，一下子都得了补偿。

所以我一直把成绩看得像生命一样重要。但越是这样，越不能好好读书。因为这里的目的太明确了，一点儿闪失不得的。在我初中考高中的那一年，考高中的人特别多，竞争激烈。我们班的黑板上，天天写着离大考还有几天了，然后，每天到教室里来的第一件事，就是看到那上面的日期又少了一天，而自己的信心和进步总是没有日子走得快。所以每天我的心总是对着黑板一沉。

慢慢地，我越来越怕，怕自己到时候考不好。说实在的，我父母在那时一直安慰我，说考得好和不好，都是一样的，不要紧的，他们是可以承受得了的。可是我心里明白，这是他们紧张，不想给我负担，而并不是他们不在乎我的升学。他们对我的好，给了我更大的压力。于是我一天比一天紧张。

我知道，考上高中，才说得上考大学。而一个男孩子，没有学历，将来一定会让人看不起。我在班上的成绩还可以，就是忽上忽下，最好的时候是全班前10名，而最差的时候到了六十几名。老师对我也是忽冷忽热的，视我的成绩而定。

我开始怕去学校，我想我是一个懦夫，害怕挑战。因为我是不能输的，而且我很软弱。我一点儿也不习惯竞争，不喜欢竞争。

我不知道自己最后是怎么考完的，也不知道我是怎么有勇气去看成绩，结果是，我考上了高中。

然后我考上了大专。我第一次接触到社会，是我们去实习。我发现，社会一点儿也不像想像中和电视剧中的样子，要生猛残酷得多。

所有的人都说我像一个小孩子。实习的时候我发现女同学喜欢和我在一起，并不是因为我像真正的男人，而是我不像一个真正的男人，所以让她们觉得安全。而男同学说我是"娘娘腔"。在分配工作的时候，大家一致把我安排在仓库里，而不让我去做我的管理专业。

我发现这个社会很奇怪，童年时代，所有的人都要求你听话，不惹事，然后又要求你什么也不要管，只读书就好了。可在你长大以后，立即又要求你有男子汉的力量，吃大苦，耐大劳，就像007，什么都拿得起放得下。而且要独当一面，掌门立户。我也想这样,可是我怎么才能做到呢?

我感到受到了欺骗一样,我从小努力,而且得到指导和承认的目标,本来以为这就是全部,可到你努力到头的时候,发现他们要求的不是这样。我成了一个不合格的人;而且是从小的努力和教育,让我不合格的。就像到了大考的时候,教师突然说我们得考一门从来没有教过的课程,而且这门课占分最多。现在我能怎么办呢?

心灵体验

文章开篇以第一人称的叙述口吻落笔,消除了读者与作者的距离感,像讲故事一样,给人以亲切、真实的感觉。作者讲述的是一个在父母的溺爱中,在应试教育模式下培养出来的独生子女人才不合格,不为社会所需。从而让我们应该从小就培养自立、自信、自强不息的优良品质,我们的父母是否也应该从这个故事里得到一些启发呢?

放飞思维

1.你的父母是怎样要求你的?你认为文中父母对"我"的教育、培养方式如何?

2.你的生活能够自理吗?你经常帮父母做家务吗?从这个故事里你能得到什么启发?

3.写下你想成为一个什么样的人,思考一下成为这样的人需要哪些素质,怎样才能具备?

告 别 少 年

◆唐若水 译

母亲坐着正喝茶,神情既慌张又憔悴——这和刚才在杂货铺看到的那张平静如水又生机勃勃的脸竟有天壤之别。她拿起杯子时,手在颤抖,桌布上溅满了茶水,嘴角在抽搐,面容显得异常苍老。

夜幕降临,杂货铺打烊了。打工的小青年艾尔弗莱德,步出店门时,被满头银丝的小老头卡尔柔声喊住:"艾尔弗莱德,请稍候。"

"卡尔先生,有事吗?"

"您不妨先将口袋里的几件玩意儿拿出来后再回家吧!"语气依然平静。

"什么? 真不明白您在说什么。"

"您拿了一个化妆盒,一支唇膏,还有至少两支牙膏,都在您的口袋里。"

卡尔先生冷冷地注视着他。小伙子不知说什么才好,硬着头皮把手伸进口袋,把几件赃物掏了出来。

卡尔先生又问:"最好老老实实向我交代,这么干已有多久了?"

"头一遭。"

卡尔先生马上反问:"把我当做了傻子吧? 告诉您,我注意这事儿已有很久啦!"

卡尔先生的脸上漾起一种怪诞的笑容:"也许,得请您父亲来一趟! 告诉他我将送您进班房。"

"我父亲上夜班。"

"那么谁在家里?"卡尔问。

"我想,母亲在吧。"

卡尔先生向电话走去。"请等一等,"艾尔弗莱德对卡尔喊道,"您大可不必牵连别人,告诉我母亲并没有必要!"但卡尔先生已经在跟他母亲通话了。

过了好久,母亲满脸堆笑地步入店门。如此平静、安详、友好,使得老板也吃了一惊。

母亲问了事情的经过,脸上挂着讨人喜欢的微笑注视着卡尔先生:"您打算如何处置他呢?"

"我想,我有权报警。"

"完全没错。不过有时我想,对一个小青年来说,在他人生的某个阶段给他指点一下迷津,也许效果更好。"

艾尔弗莱德突然觉得,母亲似乎换了个人! 只见她微笑着说:"您不认为我把他带回家去更合适些吗? 尽管看上去像个大人,但有的孩子懂事就是懂得晚呀!"

卡尔先生原以为希金斯太太会一把眼泪一把鼻涕地为儿子求情,没料到她竟如此镇定自若,反倒觉得自己有什么地方做错了。卡尔点了点头,表示同意。但他没有忘记通知一声,艾尔弗莱德明天起不用来上班了。

母子俩终于回到家中。希金斯太太脱去外套,对儿子没看一眼说:"你真不是个东西,但愿上帝饶恕你!快去睡吧,老呆在这儿干吗?"

回到卧室,艾尔弗莱德丝毫不感到羞愧,只为母亲的"强有力"而自豪,应该马上对母亲说她真是个了不起的女人!

但当他步入厨房时,眼前的情景却使他感到震惊——

母亲坐着正喝茶,神情既慌张又憔悴——这和刚才在杂货铺看到的那张平静如水又生机勃勃的脸竟有天壤之别。她拿起杯子时,手在颤抖,桌布上溅满了茶水,嘴角在抽搐,面容显得异常苍老。

他注视着母亲,默默地。他突然觉得眼下他开始告别他的少年时代,因为这似乎是他生平头一次真正地理解了自己的母亲。

心灵体验

小说中的艾尔弗莱德是一位有偷窃陋习的小青年,而且这次并不是他的第一次。母亲平时也是严厉责骂他,但这次在老板面前,她并没有责骂儿子一句,而是希望给孩子一个改过自新的机会,希望儿子重新做人。但他依然没有领会母亲的苦心,更没有为自己的行为感到羞愧。最后,他无意间发现母亲慌张而又憔悴的面容时,他才明白母亲所做的一切,全是为了让他能够获得一次改过自新的机会,能够走上健康的人生之路。只有这时,他才觉得母亲的伟大,才真正成长起来。故事小巧精致,感人肺腑。

放飞思维

1. 对比母亲两次不同的形象,说说母亲当时的内心活动。
2. 你有没有不好的习惯?你的父母是否经常提醒你改正?

生 命 纹 路

◆佚 名

生活其实就像石头一样,每一个人都有属于自己的生命轨迹,都有自己的"人生纹路",寻找它,抓住它执著地奋力敲击,就会成功!

高考的失败似乎是早有预感却又措手不及的事情,从学校孑然走出的我面对茫茫的人海显得那样单薄无力,面对母亲饱含泪水却又无可奈何的眼神,那年夏天,我不得已站在小卖铺的柜台前。

这便是我涉世之初的第一步,像许多的青年人一样,我的骨子里依然有的是太多的"世事不平",而不去真切地付出更多的努力。

转眼就是秋天,这年秋叶的片片飘零似乎来得更早一些。在经过十几天的思想斗争之后,我决定去当兵,或许这是我当时逃避现实的最好方法,或许那个遥远的地方,能够使我从迷茫中走出。

部队生活对我来说,就如表盘上的指针,周而复始,单调又枯燥。生活啊,生活,我的梦想究竟在哪里?你那炽烈的火焰何时才能熔化淤结在我心中的那块"顽石"呢?

接下来,便发生了一件平常而又不平常的事情。

也是在秋季,满山的枫叶又一次红遍了山山岭岭,我们部队在接到参加演习的命令之后,便开进了大山里。我当时真的是既高兴又紧张。

演习前,我们班负责在一条小河上架桥,那是一条清澈见底纳尽秋叶的小河,虽然不宽,但要架桥却并非易事。我们就利用工兵的专长,到附近的山冈上开采一些石头。石头是坚硬的花岗岩,不用炸药是一点儿办法都没有的。炮眼打了好几排,填上炸药,在导火索的闪光和青烟中,大块的石头掀了下来。但有的石头还是太大了,需要我们用大磅的大锤子敲开,才好抬上军用卡车。

我长得五大三粗,当我自信地从排长手里接过锤子时,涌上心头的是一脸的小视:"敲开这块石头还不是'小菜一碟'?"锤子抡起来,重重地敲下去,石渣乱飞,然而那块石头却没有一丝分开的迹象,我又狠狠地砸了好几下,依然是"瞎子点灯",手已经麻了,"看来没戏可唱了。"站在我身后的排长一直沉默不语,在我颓然地松开锤把后,才一步跨上前:"让我试试。"

排长个子挺小,才刚到我的耳朵沿,"我都敲不开,你也好不到哪里去。"我心想。排长接过锤子后,没有急着卖力气,而是围着那块大石头转了三圈,最后,他才信然地举起了大锤。大锤连着我们的视线重重地砸在大石左上侧,一锤、两锤、三锤……奇迹出来了,那块大石头居然被小个子排长一分为二,简直难以置信。

回来的车上,我和排长正好对面坐着,我突然想问他开石的窍门,排长那双有神的眼睛足足盯了我10秒钟,然后拍拍我的脑袋说:"石头有纹路,敲的时候一定要沿着纹路,只要纹路找准了,不放弃地砸,就一定能砸开……"

那些日子,真正难忘!我懂了,我找到了这么多年来一直都在寻找的东西。

"生活其实就像石头一样,每一个人都有属于自己的生命轨迹,都有自己的'人生纹路',寻找它,抓住它执著地奋力敲击,就会成功!"

石头开了,我心灵的"顽石"终于在那个枫叶红遍山林的日子轰然而开,那夜,我枕边的泪花和着窗前的那轮明月映照了我含泪的笑脸!

从此我全身心地投入了我的信念,训练场上挥汗如雨,平时工作扎扎实实,终于,在我当兵第三年的时候,迎来了久违的军校考试,我最终如愿以偿,在众人羡慕的目光中,踏上了北上求学的列车!

漫漫人生路,每个人都在负重前行,可是要找到那条真正适合自己的生命"纹路",又是一件多么艰难的事情啊!

心灵体验

生活其实就像石头一样,每个人都有属于自己的生命轨迹,都有自己的"人生纹路"。但在漫漫人生路上,每个人都在负重前行,可是要找到那条真正适合自己的生命"纹路",又是一件多么艰难的事情,找到了它,抓住它执著地奋力敲击,就会成功!

放飞思维

1. 文题"生命纹路"的含义是什么?
2. 说说文章最后一段话在全文中的作用。
3. 写出你读完本文感受最深的一句话。

再来一次,好吗

◆曹飞

在过去的那段极苦极累的日子里,我几乎耗尽了所有的精力去搭那架通往梦想的梯子。可在成功似乎已经唾手可得的时候,梯子却在猝不及防中倒了。

高中毕业后,我没有如愿盼来大学录取通知书。在学习成绩上一向颇为自负的我,经历了这样沉重的打击后,对自己再也不敢有太大的信心了。

有很长一段时间,我把自己锁在苦闷和遗憾中,不想见任何人,也不想说任何话,木然而无助。

可毕业证总还得亲自去领的。从班主任惋惜而怜悯的目光中逃出来,我惟一的感觉就是想流泪。在过去的那段极苦极累的日子里,我几乎耗尽了所有的精力去搭那架通往梦想的梯子。可在成功似乎已经唾手可得的时候,梯子却在猝不及防中倒了。我真的没有足够的心理能力去承受。

出校门的时候,我不经意一扭头,竟发现了门口的一侧贴有一张招聘启事。走近了细看,是市内一所普通中学招一名英语教师。条件是高中以上毕业,英语成绩好,口语佳。

我突然想去试试。高中三年,英语成绩一直是我的骄傲。更何况,长大了,毕业了,我该自己养活自己了。我去报了名。

那时离试讲的日子已经不远了。回家后我便忙着写教案,跟着录音机练口语。到试讲的前一天,我已对自己有了几分信心。

第二天,校长把我带到教室门口。他拍拍我的肩:"对你,我们是比较满意的,这是最后一关了。记住,要沉着。"

我望一眼教室,里面坐满了比我小不了几岁的学生。见来了新老师,他们都停下正在干的事,齐刷刷地把目光聚在我身上。

血往上涌,我的心乱跳起来。

我知道我不是个大方的男孩,但为了这次试讲,我确实已经付出了足够的心血。我以为有备而来,心就不会再跳手就不会再抖。

走上讲台,我的鼻尖上已开始渗出细密的汗珠。坐在第一排的女班长一声洪亮的"起立"让我几乎一下子乱了方寸,忘了开场白。

我慌忙挥手叫他们坐下。我想我的神情一定很慌乱很窘迫,因为我分明听见几个男孩子的窃笑声。一刹那间,充斥我脑中的是有关形象问题试讲结果问题以及被淘汰掉后我再怎么办的问题,昨天还背得滚瓜烂熟的教案一下子找不到半点儿头绪。

搜肠刮肚好几十秒钟,我仍然找不到太多的话说。试着讲了几句,连自己都知道前言不搭后语。

我知道我完了,心中已开始打退堂鼓:与其在讲台上出尽"洋相",还不如趁早给自己找个台阶下去。

"同学们,其实我多想陪你们走一程,可我太糟糕,我不能误了你们……"说完这句话,我无奈而抱歉地望一眼坐在后排正为我捏一把汗的校长,就想快快地逃出去,逃出那种如浑身被针刺般的难受与尴尬。

"老师,你等等!"是坐在第一排那个剪短发的、戴眼镜的女班长,"老师,再来一次,好吗?"

"我……我不行。"

"试一试,老师,你能行的,再来一次,好吗?"后面几个女孩子也附和起来。

"再来一次,好吗?"然后,教室里一下子归于一片静寂,后排那几个等着看"好戏"的男孩子也正襟危坐起来,

校长推推眼镜,笑望着我,微微颔首。

40多颗天真无邪的心,40多双真诚的眼睛在这个时候汇成一股暖流和一个坚定的信念流向我、涌向我。突然间我觉得有好多好多的话要对他们说,有好多好

多的故事要讲给他们听。

我想我不能离开这三尺讲台,否则我也许会一生都再也找不着这么好的机会。

我在讲桌前站定。接下来的讲课,我如数家珍般讲得无比流畅。

面对求知若渴而又善良真诚的学生,原本并没有什么好怕的呀!

后来那个剪短发、戴眼镜的女孩成了我最得意的学生,也成了我最好的朋友。她对我说:"老师,当初我为竞选班长三次登台'现丑',第一次一句话都没敢说,第二次脸红心跳,第三次换来了最热烈的掌声。每次上台前我都会劝自己:'再来一次,好吗?'"

有些简单很朴实的话却能让人受益终生。这道理学生比我懂得更早。

心灵体验

"再来一次",一句多么朴实而富有哲理的话语。人生之路,并不是一帆风顺,当你遇到困难、挫折和坎坷时,朋友,"再来一次"吧!凭借你不屈不挠的精神,用智慧和力量,一定会走出低谷,取得成功。

放飞思维

1. 是谁给他"再来一次"的机会?如果是你,你会这样对待他吗?

2. 在你的人生之路上遇到了困难、挫折时你该如何面对它们呢?想想再写一写。

感　激

◆杨冬青

不管生活怎样艰难,不管命运怎样把我一次又一次推向苦难之门,我却从来没有屈服,没有被困难吓倒。我始终满怀感激地生活着,不论是对父母、亲友,还是对那些陌生的人群,我都怀有一种说不出的感激之情。

17岁那年,我告别了美丽的校园。这意味着我将从此踏入社会,从此开始一种真正意义上的生活。

同众多的农家孩子一样，第二年一过年，我便跟着我们那儿的一个包工头，外出干起了活。对于大多数生长在农村的孩子来说，劳动，永远是他们走出校园后的第一堂公共课。一茬又一茬的农民就是这样成长起来，又一步一步走向成熟的。

5月间，我们在河南焦作接下了一座高10层的楼房活儿。

工程进行得还算顺利，7月的最后一天，楼房建成了。可是当我们拆下那高耸的脚手架时，才发现第10层所有的侧杆都被牢牢地筑死在楼房的墙壁上。那些胳膊一般粗的钢质家伙，在第10层楼的外墙壁上围了整整一圈，足足有100根！

包工头戴着墨镜朝我走来，我看不见他的眼睛，但我马上明白我该做些什么了。包工头掏出香烟的时候，我轻声说："不用了，我上！"事实上我十分清楚，即使他什么也不掏，我也得上。我神色庄严而肃穆，我甚至能感觉到自己很有一种"风萧萧兮易水寒，壮士一去兮不复还"的悲壮情怀。

的确，即使是脚踏实地去割下那一百来根钢管子，也不是件容易的事，更何况现在是悬空作业，艰苦自不必说，而且十分危险，稍有疏漏，就可能丢掉生命。

可是为了生活，我不得不硬着头皮拼一拼了。在这个世界上，我们每一个活着的普通人，都会遇到类似的情况。为了生活，我们随时都在准备着流血；面对危险，有时候我们甚至想都不想就会冲上去，而丝毫顾不得可能出现的后果。从这一点看，一个人能够活在世上，是多么不容易啊！

没有多久，我就被一根绳子吊在空中。可是那是怎样一根绳子啊！拇指粗细，一个结一个结的，也不知是几段绳子接在一起的。而且是一根麻绳！当我举起焊枪——唉，这就是我们最先进的切割工具，这些我都能忍受。可是当包工头在楼顶上喊道"一根焊条，三根侧杆"的时候，我难受地闭上了眼睛。重物不重人，还有什么比这更让人痛苦的呢？停了一会儿，我睁开眼睛，用力瞪着，把泪水逼了回去。

唉，这就是我们的包工头，作为一个有血有肉有精神的人，我们为之感到痛心；可是作为一个普通人，我们又无法过多地指责他。因为他的所作所为，正好符合了他的身份和地位。在这个世界上，这样的人还很多，他们同我们大多数人一样，都是芸芸众生中的普通一员。他们的所作所为，并没有超出一个普通人应有的规范。看来，生活中并不是每个人、每件事都能让我们感动的。

我终于又举起焊枪，电火花强烈地刺激着我的眼睛：我没有戴焊帽，工地上没有这玩意儿。事实上即使有，我也无法用上！我右手拿焊枪，左手拿着托板，托板上还端有抹子和水泥(水泥是用来堵切下钢管后，留在墙壁上的孔洞的)。

7月的太阳烤着我的身体，我根本无法计算自己究竟流了多少汗水。直到后来，我的汗都流干了。

可敬的人们，当你们在某座楼上安家享受生活美好的时候，你可曾想到，有多少人曾为您住的这座楼房洒下过他们辛勤的汗水啊！是的，任何一种生活的幸福，都是无数汗水浇灌的结果。劳动，永远是我们生活的主题，永远是幸福的源泉。

4个多小时过去了，工作终于接近尾声。当我割下最后一根钢管，把最后一刀水泥用尽全身的力气堵住那个孔洞后，我的胳膊再也抬不动了。我目光茫然，也不知望着哪一个方向。恍惚中我突然发现，在我的脚下，说准确点，是在这座楼房旁边的那条大马路上，不知什么时候，已经停下了黑压压一大片人。他们全都仰着头，那么专心地望着我。泪水一下子涌出我的眼眶。我百感交集，但却说不出一句话，也做不出一个表情，只能任泪水爬满脸颊。

可亲可敬的人们啊！我应当感谢你们。感谢你们为一个陌生的人驻足停留，感谢你们为一个劳动者抬头观望。你们增添了一个普通人生活的信心，你们维护了一个劳动者应有的尊严。

斗转星移，三年的时间一晃过去了。三年来，我不知道自己流了多少汗水，受了多少委屈，吃了多少苦。可是不管生活怎样艰难，不管命运怎样把我一次又一次推向苦难之门，我却从来没有屈服，没有被困难吓倒。我始终满怀感激地生活着，不论是对父母、亲友，还是对那些陌生的人群，我都怀有一种说不出的感激之情。

对于一个心中充满感激之情的人，又有什么能够使他向生活低头呢？

心灵体验　真爱无言。我应当感谢你们。感谢你们为一个陌生的人驻足停留，感谢你们为一个劳动者抬头观望。你们增添了一个普通人生活的信心，你们维护了一个劳动者应有的尊严。对于一个心中充满感激之情的人，又有什么能够使他向生活低头呢？

放飞思维　1.文中主要写了一件什么事？
2.读完这篇文章，你有什么感想？写一篇读后感。

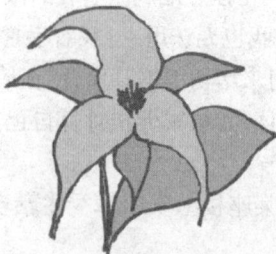

败者的起点

◆许海维

> 在这个世上生存或是发展，我们不只羡慕成
> 功者的辉煌，而更看重失败者的自信和坦然，看重
> 能镇定自若面对失败的人。因为每一个成功实际
> 上是以许多的失败为起点的，连在起点上都坚持
> 不住的人，何谈以后的漫漫长途呢！

在一次别开生面的人才交流会上，A君以其绝对的实力闯过了五关，不知最后一关是什么。A君在揣摩着。而另一位同是某名牌大学毕业的B君则有两关是勉强通过的。

此时，他们都在等待着那第六关问题的公布，这将是对于他们的宣判，因为两个当中只能选一个。

A君入选是无疑的了。大家都向他投去赞赏的目光。

主持者在片刻的有些令人窒息的"冷场"之后开始宣布：A君被录取，B君另谋高就。

宣布完毕，A君兴奋地站起来，抑制不住心中的激动之情，带头为自己鼓掌。

这时，B君不卑不亢地站起来，微笑着说："哦，正可谓人各有志不可强求。选择人才是择优录取，更何况每个单位都有它用人的标准和尺度，每个人都要求找到、也会有自己适合的位置。好了，再见。"

"B先生请留步！"主持者面带欣喜起身走向B君，"B先生，你被录取了。"

接着，主持者向大会郑重宣布："成功与失败本是两个相互依存的概念，是相对而存在的，该是平等的，如果把任何一方看得过重，这个天平就要失衡。在这个世上生存或是发展，我们不只羡慕成功者的辉煌，而更看重失败者的自信和坦然，看重能镇定自若面对失败的人。因为每一个成功实际上是以许多的失败为起点的，连在起点上都坚持不住的人，何谈以后的漫漫长途呢！"

全场响起热烈的掌声。

此时，我们都该和A君一样，知道我们所面临的第六个问题了吧。

心灵体验

本文情节波澜起伏，扣人心弦，结局出人意料，又在情理之中。B君面对失败，能自信与坦然，镇定自若，是难能可贵的，这是

一种"高素质"的体现。用人者慧眼识珠。B君本身是宝珠,发出耀眼的光芒,那掷地有声的话语,是失败者自信的宣言,也是他走向成功的新起点。

放飞思维

1. 主持者为什么会选择B君?

2. "成功与失败本是两个相互依存的概念,是相对而存在的,该是平等的,如果把任何一方看得过重,这个天平就要失衡。在这个世上生存或是发展,我们不只羡慕成功者的辉煌,而更看重失败者的自信和坦然,看重能镇定自若面对失败的人。因为每一个成功实际上是以许多的失败为起点的,连在起点上都坚持不住的人,何谈以后的漫漫长途呢!"如何理解这段话的含义?

从尴尬开始

◆塞 林

其实人最怕的不是失败本身,而是失败以后的尴尬。可是真正丢脸的不是失败,而是甚至不敢想象失败。

他貌不惊人,毕业于一所名不见经传的地方院校,而且只有大专学历,可是在满满一屋子来自各名牌大学、有着硕士博士头衔的应聘者中,他的表现却让人以为他是个哈佛留学生。

尽管他很自信,可是面试官还是很快掂出了他的分量:他在专业能力方面并不能胜任这个职位。他的求职申请被拒绝了。

这位应聘者在得知自己已被淘汰出局后,脸上露出了一点儿失望、尴尬的神情。可是他并没有马上离开,而是起身对面试官说:"请问你能否给我一张名片?"

面试官有点儿冷冷地看着他,从心底里对那些死缠烂打的求职者缺乏好感。

"虽然我无法成为贵公司的员工,但我们也许能够成为朋友。"他坚持着。

"哦? 你这么想?"

"任何朋友都是从陌生人开始的。如果有一天你找不到打网球的搭档,可以找我。"

面试官看了他一会儿，掏出了名片。

我就是那个面试官，朋友们都很忙，我确实经常为找不到伴儿打球而烦恼，后来我俩就成了朋友。

有一天我问他："你不觉得你当时所提的要求有点儿过分吗？要知道，你只是一个来找工作的人，你凭什么？如果我根本不理会你，那你怎么下台？"

"其实人最怕的不是失败本身，而是失败以后的尴尬。很多人不敢去做一些本来也许可以做成的事，就是害怕丢脸。可是真正丢脸的不是失败，而是甚至不敢想像失败。其实很多事情都是从尴尬开始的，包括交朋友。"

他接着说："大学时候我曾经非常喜欢一个女孩儿，可是几年时间里我只敢远远地看着她。我怕被拒绝。我担心如果向她表明心迹，她会用一种冷冷的眼光看着我说：'你也配这么想？'如果这样我会无地自容。就这样，我被自己的想像吓住了。后来我偶然得知，她以前一直对我很有好感。我错过了本来属于我的幸福……

"从那以后，每当怯懦、退缩的念头冒出来时，我都会拿这件事来告诫自己，不要怕可能会出现的任何尴尬，否则我还是会一次次地错过。

"你相信吗，我现在已经敢于迎向一切了，不管前面是一个吸引我的女孩儿，还是某个万人大会的讲台，我都会迎上去；虽然我的心在怦怦乱跳，虽然我知道自己可能还不够资格。"

心灵体验

人的一生中，挫折和失败是在所难免的，就看你如何去面对它。面对由此而带来的尴尬，更需要一种非凡的勇气。而当你一旦战胜它，勇敢正视它的时候，你会发现原来"山重水复疑无路"的你，此时已是"柳暗花明又一村"了。或许他把你这扇门关死了，却给你打开了另一扇门，关键是你有没有足够的信心和勇气，再坚持一下，你也许会胜利。

放飞思维

1. 文中的应聘者是在什么时候开始敢于面对一切挫折和失败？

2. 如果你在生活中遇到了挫折该如何面对？谈谈你的想法。

如果你是对的,你的世界就是对的

◆凡 锁

> 连这种小事都可以做到一丝不苟的人,不可能
> 不会成功——如果你是对的,你的世界就是对的!

　　一个青年,大学毕业后去了深圳,想要靠自己打工闯出一番事业来。但很不幸,一下火车,他的钱包就被偷去了,身份证明和所有的钱都没有了。在受冻挨饿了两天后,他决定开始拣垃圾——虽然饱受白眼,但至少能够解决吃饭的问题。

　　一天,他正在低头拣拾垃圾,忽然觉得背后有人注视着自己。他回过头去,发现有个中年人站在他的背后。中年人拿出了一张名片:"这是一个正在招聘的公司,你可以去试试。"

　　那是一个很热闹的场面五六十个人,同在一个大厅里,等着小姐叫号。其中很多人都是西装革履的,他有点儿自惭形秽,想退下来,但最终还是等在了那里。

　　当他一递上名片,小姐就伸出手来:"恭喜你,你已经被录取了。"见他不解,又补充了一句:"这是我们总经理的名片,他曾经吩咐过,有个青年会拿着这张名片来应聘的。他只要来了,就成为我们公司的一员! 欢迎你! "

　　就这样,没有经过任何面试,他进入了这家公司。后来,由于个人努力,他还成为了副总经理——仅次于总经理,即递给他名片的那个中年人。

　　"你为什么会选择我?"在闲聊时,他都会问总经理同样的一个问题。"因为我会看相,知道你是栋梁之材。"每次,总经理都是神秘兮兮地说。

　　又过了两三年,公司业务越做越大,总经理要去新城市进行新投资。临走时,将这个城市的所有业务都委托给了他——这是意料之中的事,亦是众望所归。

　　送行那天,他和总经理在贵宾候机室里面对面坐着。"我知道,你肯定一直都很想知道,我为什么会选择一个拣拾垃圾的年轻人,让他成为我的职员,最后还接受了我的经理宝座。"总经理淡淡一笑,说起了往事,"那是因为你自己很优秀! 那次很偶然地我看见了你在拣拾垃圾,然后我刻意观察了你很久——知道吗? 你让我震惊——你是我看到的每次都把有用的东西拣拾出来后,还会将剩下的垃圾再整理好放回垃圾箱的惟一一人。

　　"当时我就在想,如果一个人在这样的不利环境下,还能够注意到这种细节,那么,无论他是什么学历,什么背景,我都应该给他一个机会。而且,连这种小事都可以做到一丝不苟的人,不可能不会成功——如果你是对的,你的世界就是对的! "

心灵体验

如果一个人在极其艰苦的环境中还能像文中的那个大学生一样注意小的细节,那么,无论他是怎样的背景,具有怎样的学历,上天都会把机遇留给这样的人。连一些小事都能做得很完美的人,不可能不成功。记住:如果你是对的,你的世界就是对的!

放飞思维

1.是一件什么样的事让那个总经理给了他一个机会?
2.怎样理解"如果你是对的,你的世界就是对的"这句话的含义?

让我长大的一句话

◆李雪峰

长大了,就要对自己说出的每一句话、做下的每一件事负责,人不这样,怎么能活成个顶天立地的人呢?

17岁那年秋天,我高中毕业。我和父亲站在一块儿,我的个头儿差不多和父亲一般高了。可是因为高考落榜,我整天和村里的几个小青年厮混在一块儿,白天和他们一起游手好闲东转西逛,夜晚就聚在村里的电影场里吊儿郎当地打闹或躲在小饭馆里无所事事地抽烟喝酒。

家人对我忧心忡忡。

秋末的一天上午,我和这群小青年在村头遇见了城里来的一个鸡贩子,我们拦住他纠缠。鸡贩子一副不屑地说:"我还要收鸡呢,没时间和你们这群孩子磨牙!"

我们无赖似的哈哈大笑起来说:"爷们儿,你怎么知道我们就不卖鸡?"

被纠缠得无法脱身的鸡贩子十分不耐烦地说:"瞧你们都还是群毛孩子,能擅自做主卖你们家里的鸡吗?还不是找家长的揍!"

这几句话搅得我们这帮子年轻人火起,纷纷拍着胸脯说:"别以为我们做不了主呀,今天我们非把鸡卖给你不可!"于是纷纷自报自家要卖几只鸡,并个个充起买卖行家里手的模样,让鸡贩子就坐在村头的古槐树下等着,我们各自回家捉鸡来。鸡贩子一副无可奈何的模样,摆着手说:"快去快回,过期不候。唉,我这桩生意栽到底了!"

我将家里的 12 只鸡五花大绑着提到古槐树下的时候,几个青年早来了,他们的鸡已经被关进了鸡贩子的铁丝鸡笼里,个个哀鸣着。我大大咧咧地把鸡摔在鸡贩的面前说:"数数吧,12 只,连一条腿都不少!"鸡贩子眉开眼笑直叫好:"不错,我这就付钱给你。"

这时,刚好父亲和母亲从地里挑粪归来,一看到我家那五花大绑堆在地上的公鸡母鸡,母亲立刻惊叫起来。我知道这每一只鸡都是母亲一粒米一粒米喂大的,现在,是我们家的"银行"呢,一家人的油盐酱醋全靠这几只鸡了。母亲说:"你怎么能卖鸡?"

我不理睬母亲,也斜着眼对惊慌失措的鸡贩子说:"给钱吧!"

鸡贩子迟迟疑疑地征询我母亲说:"这鸡……还卖吗?"母亲说:"这都是正下蛋的鸡呢,我们不卖!"

"卖!"这时父亲从人群后挤过来果断地拍板说,"就按你们刚才说完的价格卖吧。"母亲不解地看着父亲说:"鸡卖了,以后油盐酱醋从哪儿来?一只鸡才两块钱,平常一只鸡最少也要卖 6 块钱的呀!"

"两块?"父亲愣了一下,又转身问我说,"这价钱你们刚才说定了?"我才知道,刚才自己几乎做了一桩大亏本的买卖,我有些不好意思地说:"是两块钱一只。"

鸡贩子这时忙讪笑着对父亲说:"如果两块钱不行,再商量商量,6 块钱一只行不行?"父亲叹了口气说:"价格是太低了,可是你们刚才已经说定两块钱了,怎么能反悔呢?就按你们说定的卖。"鸡贩子一愣,但马上就掏出一沓钱数数递给父亲说:"就按一只 6 块钱吧,这是 72 块钱,你数数,你数数。"父亲把钱推回去说:"一只两块,12 只 24 块,多一分钱我们也不要,已经说定的,不能反悔了。"

鸡贩子把 24 块钱递到父亲手里,慌慌张张地挑起鸡笼溜走了。父亲轻轻拍了拍我的肩膀说:"你已经 17 岁了,不再是个孩子了,说出的话,就如同泼出去的水,怎么能随便反悔呢?长大了,就要对自己说出的每一句话、做下的每一件事负责,人不这样,怎么能活成个顶天立地的人呢?"

品味着父亲的话,陡然间我觉得自己长大了,已经一步跨过了孩提和成年的界限,变成了一个说话掷地有声、对自己所言所行负责的汉子。

我永远都不会忘记自己这特殊的成年仪式,在村头的老槐树下,12 只鸡,24 元钱,还有父亲那慈爱而严肃的脸,那随风飞向远方的一句句朴实而铿锵的话……

心灵体验

"你已经17岁了,不再是个孩子了,说出的话就如同泼出去的水,怎么能随便反悔呢?"父亲的话如醍醐灌顶,使我猛然觉醒,我一步跨过了孩提和成年的界限。

放飞思维

1.本文讲了一件什么样的事?用简洁的语言概括一下。
2.是一句什么样的话让我突然间长大了?

我人生的重要一课

◆佚 名

面对竞争激烈的现实,我想继续学习,上大学!于是,我翻出了带在身边的尘封已久的课本,奇怪的是从前感到枯燥无味的公式、单词,现在都变得那么的亲切。

19岁那年夏天,我高考落榜了。新学期开始了,看着昔日的同学欢天喜地去上大学,看着父母为了我读书整日操劳,莫名的酸楚在我心中涌起,但我还是决定不去补习。罗曼·罗兰的那句话在我耳边响起:"人生注定是要到处漂泊的,因为我们有一双脚,和一个会幻想的脑子!"我要去打工,自立自强的走另一条路。在一个下着毛毛细雨的清晨,我揣着家里当时仅有的100元钱,踏上了南下的列车。

在南方的一个城市,我找到儿时的好友,在他那里住下来后,便开始找工作。然而,几乎所有的招聘单位不是要求应聘人有大、中专文凭,就是要求有专业技术职称,而我什么都没有。好友给我出了个主意:"搞张假大学文凭",并给了我办"大学毕业证"的地址。他的建议我当然不能采纳。

第二天,我继续去找工作,看见一家工厂正在招聘仓库管理员。我看自己的条件都符合招聘栏上的要求,我强压住内心的激动,挤上前高高举起我的证件——身份证和已经起皱的高中毕业证书。负责招聘的小姐把所有应聘人的证件都收了起来,过了一会儿,她又退出一叠证件来。原来那些高中毕业证是假的。

我被选中面试了,下午张榜公布,我的名字列在榜首。我被分在原物料仓库,跟着师傅学习了一个月后,我便开始独立工作了。管理仓库并不轻松,但也算半个白领,比纯粹干体力活强多了,薪水也较可观。我下班后,可以自由安排业余时间,经常出入书店,日子过得也蛮不错。

然而,发生在工厂里的一件事给我的触动很大。业务部的丁小姐负责所有国外订单的翻译、整理工作,进厂5年兢兢业业,干得很出色。没料却因她搞错了一张订单的材料,致使3000多双鞋不符合订货单位的要求,给公司造成了极大的经济损失。总经理立刻炒了她的"鱿鱼"。

这件事如同给我上了一堂生动的教育课。我开始重新考虑自己的出路。面对竞争激烈的现实,我想继续学习,上大学! 于是,我翻出了带在身边的尘封已久的课本,奇怪的是从前感到枯燥无味的公式、单词,现在都变得那么的亲切。

春节快到了,我决定春节过后参加高考补习班,而且打工几个月攒下的钱够我去补习一学期了。于是,我递上了辞职报告,出乎意料的是公司不同意我辞职,原因是我的主管也要辞职。她走后,我是接替她位置的最佳人选。尽管总经理两次找我谈话劝我留下,我还是执意要走,继续我那未完的学业。

过完年,我回到久违的学校。经过几个月的紧张复习,我考入了大学,但我总忘不了我那人生的重要的一课。

心灵体验

一张订单给作者上了一堂生动的教育课,尽管工作顺利,但作者还是"执意要走"。面对竞争激烈的现实,作者毅然选择了继续学习,想考上大学,用知识来武装自己,使自己的明天更灿烂。

放飞思维

1.作者高考落榜后决定不去补习,后来工作也很顺利却"执意要走",促使作者改变态度的主要原因是什么?

2.罗曼·罗兰的话激励了作者,你最敬佩的文学家是谁?请结合他(她)的一部名著谈一谈你的收获。

3.业务部丁小姐被"炒鱿鱼"这件事引发了作者对自己出路的思考,生活中的哪件小事触发了你的思考?从中你有何感悟?

我冲刺了谁的目标

◆温志林

> 龟兔赛跑,兔子的目标是赢得比赛,而乌龟的
> 目标只是跑完全程。

火车上两天一夜的旅程结束后,我便正式成了一个真正意义上的新兵连的战士。

每天训练时的操场上,除了号令声就是喘息声,而在这些喘息声中,我的喘息声可能是最惨的一个,用班长的话说就是那里面有一半带了哭音。我安慰自己:"以你的体能素质,新兵连结束考核,你只能及格就算你优秀。"不只如此,我还以一个形象的寓言故事强化这种安慰:龟兔赛跑,兔子的目标是赢得比赛,而乌龟的目标只是跑完全程。

训练到第二周时,上面传下一个消息让渐渐安定下来的新兵连又沸腾了起来——师里将择优选出一个侦察连,各连前20名将有资格参加初选。

其实大家对侦察连究竟是什么样子并不是很了解,只是从字面听它很威风很诱人,另外,前20名的界定条件也点燃了那些正青春气盛的少年斗志。

我也同样,兴奋之情溢于言表,但只持续了几分钟。

几分钟后,冷静地分析一下自己的情况,我便泄气了,我决定放弃竞逐。晚上,躺在床铺上,对自己失望的情绪像海浪一样一阵高过一阵,翻来覆去无法入睡。

就在我翻来覆去时,无意中触到一张小纸片,根据新兵连的卫生标准要求,规定之外的东西是不能出现的,更何况我自己根本没有往床铺上放过这类东西。

就着手电筒,我打开纸条,上面简单写着两行字:"今天训练中,我发现你投弹技巧不错,可有意主攻投弹。"

字条的落款是连长。

捏着纸条,我反复回味上午的训练,上午的投弹成绩只能算中等,但连长发现"技巧不错",我有技巧,并且不错,如果我加强训练,主攻投弹,像连长说的那样,会不会真的脱颖而出到侦察连去?

随后的日子,我是在一种亢奋与忘我中度过的,人的信念一旦被激发,它所爆发出的潜能真是不可估量,我从49米到56米,最后竟达70.22米,仅比第一名72.23米少2.01米。

三个月后,我以全师投弹第二名的专项成绩荣入侦察连。

庆祝会上,连长高兴地说真没想到会是你,当初我还以为韶建辉最有希望,并且还特意留了一张纸条让他主攻投手榴弹。

韶建辉是睡在我下铺的同班战友。

心灵体验

读完全文,你会感叹人真是潜能无限。人的信念一旦被激发,它所爆发出的潜能是谁也不能估量的。只要有了信念,什么事都不怕办不到,成功也就触手可及。

放飞思维

1.说说如何按开端、发展、高潮、结局的顺序,将小说分为4个层次。

2.说说这篇小说构思最为巧妙的地方。

3.说说你读了这篇小说之后所受的启迪。

　　青春年少，意气风发；中学时代求知欲旺盛，上进心强，老师培育恩，同窗手足情，校园的一草一木，都成了我们中学生的珍宝——记忆中的珍宝。

　　我们对人生的思考不仅仅囿于教室了。社会，这个充满迷惑、充满魅力的大课堂，无时不向我们展示其神秘的面纱。我们要思考、要自尊、要自信。

校园随想

一阵风过去

有些花

凋谢了

娇躯零落

一阵风过去

有些花

惊醒了

昂首怒放

脆弱的依然脆弱

坚强的终归坚强

好女孩，坏女孩

◆范子平

> 杨杨老师眼睛黑黑的很好看，杨杨老师的声音
> 甜甜的很好听，虽说是骂她倩倩心里也特别舒畅。

倩倩是个好女孩，聪明伶俐，乐于助人，学习成绩在班上一直是前几名。一张圆圆的胖脸总是笑嘻嘻的，走路也是蹦蹦跳跳的，头上那根粗粗的黑黑的朝天辫随着她的脚步在脑后一上一下地跳，老师们都夸她：倩倩长大非出息不可！妈妈听了，心里也是乐呵呵的。

可是，倩倩在初一下学期变坏了。开始是班主任梁老师发现的。梁老师是教了十几年初中的老师，经验多感觉就敏锐。她发现倩倩偷偷地在描眉涂红嘴唇，她就及时批评倩倩：再不改正就成坏女孩了。她又及时叫来了家长，通知倩倩的最新情况，让家长配合教育。倩倩的妈妈听了很生气，就骂倩倩：你知道不？你现在成了坏女孩了！没几天，妈妈又发现倩倩解开了朝天辫，弄成了披肩发，妈妈让她立即改过来，倩倩犟着不听。妈妈报告了老师，梁老师就在班上不点名说了这件事，虽说没点名，可同学们眼都盯着倩倩看。更可怕的是，倩倩这天晚上没回家，去了舞厅还陪人跳舞，幸好遇上民警检查才带回来。倩倩到家挨了一顿揍，梁老师让她停课写检查，检查不过关还要开除。倩倩是坏女孩名声就传出去了。

倩倩期中考试两门不及格，正在准备补考，梁老师因老母病重回了老家。因为出了倩倩这样的坏女孩，大家都不愿意接这个班。恰巧师专毕业的杨杨刚分配过来，就由她接了班主任。杨杨刚刚20岁，走路说话都像个中学生。梁老师交班时说：倩倩是个坏女孩，你可得小心别让她给班上抹黑。杨杨笑了笑没吭气。

杨杨接了班就去找倩倩的爸爸妈妈，接着又找倩倩谈话。倩倩开始不说话，杨杨就给她讲自己小时候的调皮故事，听得倩倩笑出了声。倩倩就说老师我跟你不一样，我是坏女孩。杨杨说真的吗？初中里的坏女孩我还没见过，你给我坏坏看。倩倩就说我描眉画眼，杨杨说就星期天跟我回家。杨杨老师家里有那么多描眉和涂红嘴唇的东西，对着大镜子，杨杨描画倩倩也描画，一会儿洗了再换一种造型。后来是杨杨给倩倩描，倩倩给杨杨描，整整描画了两个小时。杨杨说：爱打扮是女孩子的天性，描眉画眼怎么会是坏女孩？不过我觉得描眉画眼里有学问，啥时描，怎样描要有讲究，比如演出时要描得鲜艳，平时上课可以不描，想描可以描得淡一些。倩倩又说：老师我还是坏女孩吧？我弄披肩发。杨杨就说：等到下个星期天。

下个星期天果然又去了杨杨老师家,这天的主题是变换头发样式。杨杨老师会十几种发辫样式,有粗辫子、歪辫子、维吾尔族的多条小辫子,也有外国的螺旋头、瀑布头,她俩比着画报你给我梳梳,我给你编辫,弄好了拆开重编,倩倩从来没过得这样愉快。杨杨老师说爱打扮是女孩的天性,披肩发怎么会是坏女孩?当然怎么打扮、发式衣着怎么与场合协调也很有学问呢。倩倩又说:老师我还是坏女孩吧?我去舞厅跳舞了。杨杨老师就说:等到下个星期天。

下个星期天杨杨果然带倩倩去了舞厅,是701厂办的厂内舞厅。杨杨说街上的舞厅良莠不齐,打听不清最好不要涉足那里,恐怕遇上坏人。杨杨老师会好多好多的舞蹈,看得倩倩眼都直了。倩倩说老师你能教会我两样吗?杨杨说老师会的你都应该会呢。倩倩当天就学会了优美的“小杨树”舞。杨杨说爱跳舞是青少年的本性,我从小就爱跳舞我难道是坏女孩?

倩倩说老师我还是坏女孩吧,我考试两门不及格。杨杨用食指点着倩倩的眉心骂她:鬼丫头!再说坏女孩看我不打你!你的聪明我不知道?你的基础我不知道?只要解开心里的疙瘩,哪门功课能难倒你?这次补考不是及格不及格的问题,而是80分还是90分的问题,90分我请客咱吃涮火锅,要是80分那就三星期不准来我家。杨杨老师眼睛黑黑的很好看,杨杨老师的声音甜甜的很好听,虽说是骂她倩倩心里也特别舒畅。

倩倩果然两门补考都得了90多分,倩倩果然跟杨杨老师吃了涮火锅。倩倩的功课又成了班上前几名,倩倩还担任了学校舞蹈队队长,倩倩又成了学校的好女孩。她的爸爸妈妈说:“这孩子真是一会风一会儿雨的。”校长感叹说:“这孩子变好变坏都是这么快! ”

心灵体验　　文中的倩倩在成长的过程中,几乎快成为一个坏女孩。幸而遇到了年轻的杨杨老师,她不是简单地禁止这禁止那,而是拉近距离,加深了解,增进感情,终于解开了倩倩多梦多雨年华里的千千结,找回了那个快乐、自由、美丽、聪明的好女孩。好与坏只有一步之遥。

放飞思维　　1.文中主要从哪几个方面说倩倩是个坏女孩?你认为她是坏女孩吗?

2.文中的杨杨老师是用什么方法改变了“坏女孩”倩倩的,你喜欢这样的老师吗?

我的同桌甲

◆虞 凡

> 我后悔总说他不好，他也许有他的苦衷。我依旧怨恨他，却找不到来由；我有点儿同情他，也觉得没来由。

学校换桌椅，挑了个大好日子"3·15"，我们班大义凛然包了这活。我接受了一张书香盈人的木桌，桌上角书：

晨 光
云分日当临，
万里共庆曦。
茂茂①密林阴，
蚯蚓②徐徐行。
注：①8班绝代佳人。②即11班风流才子。

夕 阳
半醉半醒间，
一红一湛蓝。
龙飞凤舞处，
青烟生甲烷①。
注：①班长，我同桌，贾然，简称甲。

天啊，这竟然是我曾坐过的机动教室的桌子，为各位描述一下诗境。
前诗：旭日东升，万里河山，生灵共庆，透过绿树，一线光辉洒向大地。
注：①此线乃切线；②应当透过现象看本质；③是小孔成像原理的运用。且看徐徐蠕动之物竟是蚯蚓。
后诗：天喝得微醉，歪着脑袋，红的动脉血轻浮在脸上，蓝的静脉血沉在下巴，远山龙飞凤舞之处，青烟飞升，是甲烷在扭动。

下面还有：

世上有仙宫①，

仙宫在附中。

英雄又豪杰②，

埋头苦用功。

注：①是指学习风气好。②英……杰：指我班刻苦大师。

我想起惨淡的高中生活，惨淡的同桌经历。

我是个女生，我的同桌是贾然，开始朋友总爱拿此开玩笑。

后来不说什么了，因我不像女生。

不过现在又笑我，她们说甲太像女生，我是半个男生。

其实她们拿甲当白马王子，把我当呆子。

甲特会逢凶化吉。座位周围一色的女生（方圆三人之内），本是四面楚歌，他却能八面玲珑。

女生们常过来和我说笑话，其实我这人一点幽默也无，又对它们一无兴趣，人家热情洋溢说半天，我最多说：好玩。或笑一下，半死不活的那种。

多亏了甲，每次他都能接上话，反正最后总是女生们与甲谈得开心大笑，我也开心，真开心，感激甲，因我实在不爱侃。

女生们依旧不倦地过来说话，可好像总不对我的味，甲却总感兴趣，我想也许我的兴趣太偏了，人也乏味。

我们这块总是全班女生最开心的地方，而我总是最麻木的人。

偶尔男生老远地喊我，费好大劲才找到那张嘴。

"拜托，喊一下贾然。"

我很体谅甲，我想我的耳朵特别灵敏。

连我在旁边喊甲，他十有八九也不应。

我愧极，甲与女生谈得正入港，一会儿这个，一会儿那个，我却要打断他的话。老师说这是不尊重他人人格。

我常与甲有冲突，周围女生总帮我，谁会见色忘友呢？其实我想她们也一定想帮甲，责之深，望之切。我骂甲时，一位后来与甲有传说的女生，总是主持正义，坚决支持我。

周围女生常说甲不高，人太女性化，还喜欢拿小黄门（甲的外号，因他总立在老师旁）开玩笑，我常不解，她们不像我，和甲呆在一起总很开心，为什么急于表白对甲的不满呢？

甲不在，女生们都没精神，甲回来，女生立即活力四射，她们用又柔又美的嗓音又缓又慢地说话，一米之内的人都会被她们的玉洁冰清所打动，女人是水做的骨肉呢。

音又缓又慢地说话，一米之内的人都会被她们的玉洁冰清所打动，女人是水做的骨肉呢。

甲在女生面前，是堂堂的男子汉。

和男生一起，总爱甜言蜜语。

在全班同学聚会时，则是正气浩然的班长。

男老师来了，甲又细心，又温柔。

女老师来了，甲指挥若定"你去擦黑板"，"你把地弄干净"，"××，别吵"，俨然一班的领袖。

总之，甲得各式人的欢心。

我除外，我本是麻木的人，性情又坏，也没有距离看见甲的美。

不过我对甲一向很愧的，因我以前常在他不在时拿他开玩笑，人前也一样（女生特喜欢听我说甲不好），因而常给他做些好事，并且下决心不议论他了。

　　黄门黄门　回眸一笑　英杰英杰
　　神秘女人　倾国倾城　色艺双绝

我又看见这话，左边本是我们写甲的，神秘女子、黄门都写他。

"神秘女子"这事是有由头的。

记得是才和甲坐，他把黑风衣的领子翻起来裹住脸，忽然变作女声说"我是神秘女子"，他那模样实在可爱，真是如水一般灵秀的女人，清纯得像泉，哈哈。可是神秘，一点儿也谈不上，我一抬头看见他的小平头，一下笑了。

每每和人在中午聊无聊之事，关于甲的，特受青睐。

一次不小心说起甲"神秘女子"之事，即被要求模仿一遍。

不到一日，我几乎忘了这事，然而全班人人皆知。

一回，她们当甲面问"神秘女子"，我照旧说："有一回，贾然，"我翻领子，"他说'我是神秘女子'。"

甲气极，他紧缩着眉，用沉郁阴冷的声音不悦地说："我什么时候说过？"

我惧甲，一贯的。他这话，现在想起来还在耳边，却一点儿女人气没有的。

甲守信、诚实，公认的。

我怀疑，这"神秘女子"许是我凭空臆想的呢，反正我后来再不提这事，但这外号（美名）传得很广。

"回眸一笑倾国倾城"，甲有长长的睫毛，他曾揪下几丝排在尺子上，给它们量身高，然后带着自恋狂的神气看最长的一根。

他笑的时候，长睫毛一闪一闪，很妩媚的，这是真话。

甲挺弱的，他一定以为黄门之诗是缪英杰写的，于是就题了右边的攻击英杰。

"色艺双绝"太搞笑了，够损。

甲、吴庆曦、缪英杰三人都是我们班男生的脊骨，平日哥们义气，其实截然不同。

For example：

老师上课，甲眉来眼去，似乎老师的意思总不可言传，只可意会；

老师提问，缪摇头晃脑，一股土匪习气；

老师下课，吴与老师扶肩共走、谈笑风生、称兄道弟、江湖义气。

甲一天到晚只是灿烂地笑，特像他的外号橘子(其实因黄门而起)，尤其在他穿一身橘黄的滑雪衫时。

甲只有一回不乐意，很罕见。眼神黯淡无光，嘴角撇着怨气谁碰着他，触电似的，"烦死了"。看见老师也没反应的，并不笑，只是瞪着远处，皱紧了眉，生闷气，老师们却不睬他。

我后悔总说他不好，他也许有他的苦衷。我依旧怨恨他，却找不到来由；我有点儿同情他，也觉得没来由(失败的狮子不需要蚂蚁的怜悯)。

我惟一一次不觉得甲是坏人，也是最后一次。

后来他恢复元气，我又照旧和他对着干。惹他恼，偷偷大笑。

……

天呀，远处，甲又与人笑得前仰后合，又在说什么向往阿拉伯世界。

其实，阿拉伯与古代对他而言是一样的——可以一夫多妻。

……

受不了。

心灵体验

作者从一张书桌入手，引发了对同桌的回忆，而且这个同桌又是那么独特。作者从一段段趣事中对同桌"甲"的细节加以描述，语言生动，用词也有创意，给人留下了深刻的印象。

放飞思维

1.文章是从哪几方面对同桌"甲"加以描述的？

2.你也写一写你的同桌。

124

吃肉·减肥·风衣及其他

◆张集思

> 这世界上大概没有一件事不是从矛盾斗争中产生的。为了成就一件事,就得与老天斗,与自己斗。

从小就爱吃肉,特爱吃肥肉,那种肥得流油的肉。猪脚、排骨、骨髓……炒的、炖的、红烧的、卤的……凡是肉,来者不拒,有来无回,既来之则安之(安于腹中)。我吃肉可是有家族因素的。我爷爷就很爱吃肉,大块吃肉,大碗喝酒,颇有些豪迈。传统加爱好,我就成了食肉的瘾君子。

一生下来我就8斤了。本来基数就大大的,再加上后天一练,自然像面粉发酵一样,呼呼呼呼地放大、膨胀,就像香港金融危机时的隔夜折息,一下子涨了几百倍。刚读小学大概就是一个大肉球了吧,那时的模样不大记得了。只记得同学不是叫我"阿猪",就是叫"胖太阳"、"北极熊"之类的。因为胖,仰卧起坐常常是一下也不行;跳远是及格的一半;100米更惨,常常达不到女生及格线。当时也不自以为耻。一是审美观尚未形成,二是只顾着玩了,没有想到将来。于是老妈说都吃成S形了。

到初一渐渐有了少年维特的烦恼,时常在家里一边照着立镜,一边埋怨老爸老妈把我生了8斤,还让我一直吃肉,以至于可以参加日本相扑了。而老爸却说:"屁股大点儿有什么,我想把肚子的肉加到屁股上都办不到。"

减肥吧,不然就真的要滚着上学了。这么着,早上早起半小时,做蹲起、俯卧撑、长跑……可是效果都不好,大概因为还在吃肉,又三天两头"缺席",你说怎么瘦得了?好好的暖被窝不躲,与自己过不去,又吃力不讨好。肉的魅力太大了,正应了苏东坡一语,"可为之死也"。苏老能为了吃河豚冒险,我就不能当一回英雄?这样一年下来基本没瘦,好在也没胖。

后来竟然瘦了下来,可能是因为:

——为那个大概还没投胎的家伙,"为伊消得人憔悴"。

——突然迷茫于中国的未来,忧国忧民起来。"戎马关山北,凭轩涕泗流",怎能不瘦?

——对吃肉兴趣稍减。

——看了太多散文、诗歌,越来越多愁善感,每逢月阴月晴、花开花落都伤感。一会儿"莫道不销魂,帘卷西风,人比黄花瘦",一会儿"梧桐更兼细雨,到黄昏点点滴滴"……

一年下来,竟长了10厘米,只重了1斤。啊,春天呀,我爱你!

可到了高二居然又胖了起来,不行,决不让你有反弹之力。于是天天早上都练跳绳,用闹钟把自己从温柔乡中抠出来,跳上700下绳。一边赏月,一边跳绳,一边还有环卫工人扫地的阵阵尘土,多么有趣的早晨。晚上也没好日子过,用冷水洗澡。

冷水洗澡,越洗越可怕,这是我的一项专利——冷水减肥法。你不知道热胀冷缩吗?冷不就缩了!可是前几天突然背痛得要死,推之原因,大概是洗完了没擦干,结果水气入了血液循环,把身上的器官锁了起来,不然说什么"痛则不通,通则不痛"?不通则塞之,塞之则淤之,淤之则胖之。可不是,又要胖了。太可怕了!

以上是治本的,是长远之计,而目前怎样才可以帅一两下?想着想着,找到一法,就打算穿风衣。风衣罩住了,体形稍差一点儿,一眼望不到底。我是173厘米的标准身材,多多少少,穿上风衣也有点儿气质。全校至今无人敢穿,一穿去,首穿式惊天地、泣鬼神。从前不敢穿,身高不足,一穿成婚纱了;没人穿,不敢穿。如今不同了,我们写文章求异,为什么穿着上要拘于陈见,再说也不是什么奇装怪服。一穿去,果然有轰动效应,舆论哗然。一会儿被抓一下衣角,一会儿被拉一下衣带。受不了,只好自己偷偷躲在家里穿,顾影自怜一下。追求美的历程多么艰辛啊。

这世界上大概没有一件事不是从矛盾斗争中产生的。为了成就一件事,就得与老天斗,与自己斗。

心灵体验　　作者用追求美作为文章的主线,将吃肉、减肥、风衣几件事物串接起来,让它们在自然叙述中显出主题。爱吃肉引起发胖,有了烦恼试着减肥洗冷水澡,调侃的笔调使文章妙趣横生。语言的使用有特色,"帘卷西风,人比黄花瘦"等古典诗文的应用,增加了文章的品位。本文的构思也颇有创新,用调侃的笔调写出生活中的琐事,平淡中显出了新意。

放飞思维　　1.你在学校有哪些烦恼?你是如何消除这些烦恼的?
2.本文的语言使用有特色,试举几例。

当坏小孩好难

◆顾康南

追求别人的角色，只会平添自己的痛苦。

我，在做了 17 年乖乖女，当了 20 次三好生，任了 120 个月的班长之后，终于抑制不住叛逆的心，经过长达 240 个小时的慎重考虑之后，做出了我历史上"前无古人，后无来者"的重大决定——

做回坏小孩 Bad girl。17 岁的雨季，何不潇洒走一回，不受约束，快快乐乐享受每一天呢？"蓄谋已久"的计划开始了……

塞着耳机，伴着 Back Street Boys 的歌，我摇头摆尾地走进教室，潇洒地摘下耳机，才发现音量过大已震得我有些头晕了，不过为了 Bad girl 形象嘛，值得！

看着黑板上的动量守恒、动能守恒公式，看着那被撞得要落未落的临界状态下的小球，我悄悄地对同桌说："干吗非得让俩小球撞来撞去，再来让我们绞尽脑汁研究？"同桌以仿佛看见外星人的惊讶表情看了我三秒钟，确信这话是从我嘴里冒出来的之后，感叹了四个字："经典名言！"一句话竟受到如此高的评价，我飘飘然都快认不清黑板在哪个方向了，只恨他没能立即笔录到笔记本扉页上永久珍藏。

直到下课铃响，才发现自己笔记本上白白净净，一个字也没写。说出的话能被喻为"经典名言"可不是人人都做得到的，我回想着同桌的表情安慰自己。可不知为什么，心里总有些发慌，如同一个偷了钱包尚未被主人发现的小偷，不敢正视老师，不敢正视笔记本。咦，我的心情非但不轻松、不快乐，反而似乎有一种从未有过的莫名压力，难道坏小孩子会有更多压力吗？

来不及细想，已到了午饭时间。我大摇大摆在众目睽睽之下，从"买饭长龙"的龙尾插到了龙头。端着打好饭的饭盒，我从饥肠辘辘的人群中穿过。我让自己尽量走得轻松些，潇洒些，可是，今天打的饭菜似乎特别多，饭盒特别沉重，让我端得直不起腰，抬不起头来。好容易走到一张桌前，开饭吧，咦，今天的饭菜怎么这么难吃，还是我胃口太差？我好不容易咽下几口，总觉得所有目光聚焦在我身上。我的手沉得提不起筷子，只好逃离了饭桌，逃离了食堂，空着肚子继续当 Bad girl 了。

下午尚未放学，我已饿得两眼发花了。恰逢同学借笔记本，看着空空的笔记本，我放弃了，我彻底放弃做 Bad girl 计划了。那不是真正的我，追求别人的角色，只会平添自己的痛苦。

原来当坏小孩会这么难，我又回到了原来的我，开始了我第 121 个月的班长工作,争取当上第 21 次三好生……

心灵体验

　　本文作者在经过慎重考虑之后,决定叛逆一次,做一回坏小孩;却又因为长久以来的习惯和自我本性难以改变,做回了原来的自己。文章表达出来的这种心态真实地反映了少女阶段的心理状况,语言也符合少女阶段的特点。文章主题流露了作者的心情:追求别人的角色,只会平添自己的痛苦。

放飞思维

1. 文章从哪两件事说明做坏小孩很难?
2. 从哪几句话可以看出作者曾经的优秀和循规蹈矩?
3. 读完全文,你有什么感想?

医治灵魂的良方

◆马　德

　　当我的人生走上岔路后,老师没有批评我,而是远远地站成一棵树,在地下用爱的根须与我的心灵悄悄相握,在地上用善意的枝柯去静静包容。他春风化雨般的抚慰和引领,是我一生都不能忘记的。

　　他是一个差学生,但并不想让别人瞧不起。

　　他想改变自己在班里的落后位置,于是便萌生了一个荒唐的想法。一次考试的时候,他坐在了一位平素要好而又成绩优秀的同学后边,前边试卷的答案,他看得一清二楚。

　　考试结果正好合了他的内心,他考得不错。同学们开始对上课睡觉下课疯玩的他惊叹起来,都以为他有一颗超常的脑袋。一天的语文课,班主任老师也郑重地表扬了他,看来,老师也没有发现事情的蛛丝马迹,他心中窃喜。又一次考试的时候,内心的惯性让他故伎重演。

　　然而,纳闷儿的是,后来的每一次考试,他总被排在那位同学的后边,而在这之前,那个位置必须通过偷换才能得来呀……

纸里包不住火。同学们逐渐知道了事情的原委,开始对他表现出鄙夷和不屑。他开始有些承受不住。本来,他想挣脱这种情形,然而每次考试不变的位置安排,让他难堪又难受,终于,他去找了班主任老师。

还没等他说什么,老师就先开口了:"我知道你会来找我的,从你成绩突然上升的那一次开始,我就觉得其中必定有蹊跷。后来,我知道了,你在抄袭。那时候,我有批评你的冲动,但我最终没有去找你。因为,我清楚,一个虚荣生命的底色是要强,而你也不例外。所以,我故意每次都那样安排座次。我想总有一天,你的自尊会把自己激怒,让虚荣的你沉没,而让要强的你浮现出来,或许那一天,正是你和我都需要的。"

"那么现在,你来找我,就该是那个要强的你来找我了。我一直认为你是聪明的,再加上你的要强,你最终会成为最棒的……"老师轻拍着他的肩膀说。

他找老师的那一天,是高二的下半学期,也正是从那一天起,他好像彻底变了一个人。第二年的高考,他竟然考中了南京的一所高校,出乎了所有人的预料。

若干年之后,这位在事业上颇有建树的同学回到母校做报告时,颇有感慨地说:"当我的人生走上岔路后,老师没有批评我,而是远远地站成一棵树,在地下用爱的根须与我的心灵悄悄相握,在地上用善意的枝柯去静静包容。他春风化雨般的抚慰和引领,是我一生都不能忘记的。"

作为老师,我以为,倾注力量,巧用智慧,拿出全部爱心,然后再用包容的文火去煎,或许是医治所有灵魂的良方。

心灵体验

对于一个"差生",对于一个虚荣心极强而弄虚作假的学生,老师并没有让他难堪,而是采用了一种特别的教育方式。这种方式既不伤害学生的自尊又能警醒学生,最后他终于成材了。

文中的故事让我们从中领悟到了一些可贵的东西。

本文叙议相结合,中心突出。

放飞思维

1.“蛛丝马迹”的意思是什么?在文章中作何解释?

2.老师为什么会说他最终会成为最棒的?

3.谈谈你对“一个虚荣生命的底色是要强”这句话的理解。

由考试引起的……

◆张之路

> 作弊并不可怕,可怕的是现在有些人居然把这些垃圾当做时髦的东西加以推崇,当做玩笑,不以为耻,反以为荣。

期中考试来了。今天上午考物理。

当许威武抱着一卷试卷出现在教室门口的时候,学生们情不自禁地"哟"了一声,碰上厉害的老师监考,题目就似乎难了一倍。这哟声是必不可少的。

随着假烟、假酒、假药的出现,在考试中作弊也成了一种时髦的风尚,就像一阵风吹遍了各类大、中学校。作弊已经不像以前那样可耻、可悲,而变得可以理解,可以原谅了。平时成绩不好的想及格,平时成绩不错的想得满分,考试作弊居然成了公开的秘密。

宿小羽在考试中是决不看别人的,但他却以给别人看为自豪,觉得好玩,在和老师的这种近于捉迷藏的游戏中他得到一种快慰。每当他把试卷答完之后,他总把自己的卷子放在"最佳位置"上,给他的左邻右舍参考、借鉴。所以,这又为宿小羽在同学们的心目中平添了一种迷人的风度……

试卷发下来了,教室顿时安静下来,接着便又响起了蚕食桑叶的声音。10分钟后,仿佛蚕吃饱了,有几条蚕便不看桑叶而是抬起头望着许威武。太棒了!许老头正端坐在一把椅子上看《北京晚报》。

"蚕们"开始紧张地活动了,有的把头深深地埋在课桌上,那当然是在看书;有的"蚕"脖子伸长了,那自然是在抄别人的。

"脖子伸得太长,小心落枕!"

学生们吓了一跳,抬头一看,许老头还在看报,便放心了,知道他这是在说"梦话"。于是,那些喜欢投机取巧的同学在这节课上痛痛快快地作了一场弊。

宿小羽当然不甘寂寞,他的卷子被 5 个人传阅。

下课的铃声响了。

"不要忘了写名字!"这是许威武这堂课说的第二句话。

同学们发现许威武是只纸老虎、懒老虎,笑了,下次考试如果他还来监考,热烈欢迎。没作弊的同学则对许威武表示了深深的失望。

三天后,物理卷子发下来了。全班一共有 12 个 0 分,整整一打,宿小羽也是其中的一个。他表面上不动声色,心中却暗暗叫苦。

许威武把卷子简单地讲评了几句,大声问:"还有什么问题?"

这时,一个得 0 分的同学举手了,他心中有鬼,但还是硬着头皮问:"许老师,我都答对了,怎么不及格?"

"翻过你卷子背面看看!"

卷子翻过来了,只见右下角,简单的几笔勾出一个伸长脖子的小人儿。旁边是几个字:非弹性形变。周围的同学大笑起来。

宿小羽心中一震,连忙翻过自己的卷子。他看见一个小人儿双手将一张纸高高举过头顶,上边写着:"哗众取宠"!

这一击是如此的准确和有力,直打得宿小羽半天缓不过气来。他发现眼前的这个小老头把他看透了。在许威武的眼睛里,他不是什么与众不同的学生,不过是"张飞吃豆芽——小菜一碟"罢了。这种处理办法对宿小羽那高傲的自尊心无疑是一个致命的打击。他愤怒,他懊恼,他觉得窝囊,觉得胸中有一股怨气在身体里左突右撞而又冲不出来。

难受到了极点,宿小羽突然笑了起来。

教室里安静极了。全班同学都在琢磨,这许老头是怎么如此准确地知道是谁作了弊,又是怎样作的弊,他不是明明在看报吗?可是,没有一个人敢问。

"请问许老师,您怎么知道我们作弊了?"这是宿小羽的声音,充满挑衅的味道。

全班同学的目光一起向许威武投去。

许威武没有说话,眼睛微微眯了起来,仿佛极力要看清眼前的什么东西,突然,他那块伤疤下面的肌肉轻轻地抽搐了两下,脸上显出一种十分古怪的神情,就像雷暴即将发生的天空一样。

教室里就这样静寂了两分钟以后,许威武说话了:"这节我们上作弊课!"

他慢慢走上讲台,拿起粉笔,一反过去那种龙飞凤舞的字迹。黑板上出现了凝重而古朴的魏碑字体:谈谈作弊的手段。

同学们惊讶了,就连胸中充满积愤的宿小羽也不由得瞪大了眼睛。

"考场作弊,从古至今,自从有了考试那一天起,作弊就产生了。如果把作弊的事例和原因一一记载下来,可以成为一部小小的作弊史。

"在北京故宫博物院里,展览着一件奇特的白衣服。因为年头太久,已经变黄了。它既不是岳飞、文天祥的战袍,也不是乾隆皇帝、慈禧太后的龙袍。那是一位举子——也就是考生贴身穿的衬衫。衣服上密密麻麻写满了蝇头小楷,少说也有几万字。他穿着这件衣服混过检查,进入了号房——也就是今天的考场。条件不错,不像我们这么多人挤在一间屋子里，而是一人一个单元……"

同学们笑了起来。

"等考官把号房贴上封条之后，那位考生便脱下衣服，抄了起来……真是用心良苦呀!

"'十年动乱'中，有的同学把公式和外语单词夹在语录的红色封皮里，放到桌上。远处看，那是红彤彤的一本小红书，而在近处看，那半透明的封面皮下，公式和单词却清晰可见。

"目前，最现代化的手段要算是用步话机作弊了。妻子在考场里参加研究生的考试，大衣领子里接上接受器，而丈夫则在教室外面发射信号……"

同学们好奇地睁大了眼睛。

"作弊的手段千奇百怪，有的人偷看别人的，有的人抄书，有的人预先把写好的小条塞到课桌的夹缝里，有人把公式写在手上，写在铅笔盒里，有些人不要脸，为了那一分两分甚至把公式写在大腿上……"

教室里响起了一片嘘声。

"每次我听说或看到这些作弊的行为就像看见了一堆令人恶心的垃圾。多可怜啊!每当考试开始的时候，那些作弊的人就像一只出洞游行的小鼠。他的眼睛不是盯在试卷上，而是战战兢兢地盯在了监考的'老猫'的脸上……"

没有人笑了。大家觉得许威武的声音突然起了变化，变化得已经不再像他的声音了。

"为了这虚伪的成功，就不惜撒谎，就不要自己的尊严了!

"作弊并不可怕，可怕的是现在有些人居然把这些垃圾当做时髦的东西加以推崇，当做玩笑，不以为耻，反以为荣。如果这样的人考上大学，成了国家的栋梁，我们的国家还有希望吗? 任凭这些可卑的行为泛滥，我们还能有自立于世界民族之林的能力吗?"

许威武一反常态。他那干枯的眼窝湿了，就像一口枯井突然涌出一股泉水。

"我不忍心当场去抓作弊，使你当众出丑，我怕你们从此失掉了一个人最可宝贵的自尊……"

无疑，许威武那充满感情的话语使许多同学受到了震动。

心灵体验　　本文讲的是一次物理课期中考试时有的同学作弊，结果有12个同学打0分。全班同学都惊讶"许老头"是怎么如此准确地知道是谁作了弊，又是怎样作的弊，最后许老师给他们上了一堂作弊课，让同学们从中受到了很大的震动。

放飞思维

1．许老师明明在看报，他为什么如此准确地知道是谁作了弊，又是怎样作的弊？

2．许老师为什么没有当场去抓作弊者？

3．读完这篇文章后，你感触最深的是什么？

别了，语文课

◆（香港）何 紫

> 中国有悠久的历史，有优美的环境，长期地孕育着中国文化，使中国的语言成为世界上最优美的的语言之一。

自从我第三次默书不合格后，班主任张先生就给我调了位，从第四排第三行调到最前排的第一行。这样，上国语课的时候，张先生拿着课本讲书，总是不经意似的站在我的位子前边。这样，我不能竖起课本，用它来挡着先生的视线，在下边画公仔了；我不能偷偷写些笑话，把纸团传给坐在后边的同学了；我甚至不能假装俯下头看书，实在闭上眼睛打瞌睡了。

"陈小允。"张先生忽然叫我的名字，我心里"扑扑"地跳，站起来了。

"你回答我的问题，这一课寓言作者是谁？"张先生在向我提问。

唉，我虽然调到第一排，不敢画公仔，不敢传纸团，不敢打瞌睡，但不知为什么脑子总不能集中，刚才虽然双眼望着课本，但是思想溜到哪里去游逛了。我张着嘴要答话，但只能"嗯嗯"的发声，眼睛四处张望，希望有谁给我一点儿提示。

我看见坐在侧边的叶志聪，他故意咧着牙齿，双手像要拉紧一个绳索。他真是我的救星！他的动作唤起我预习时的记忆，他"依"起牙齿拉绳索，对了，我急忙回答说："作者是伊索。"

张先生叫我坐下，我偷偷嘘一口气，回头对志聪眨眨眼睛，是对他感谢的眼色。

放学的时候我拉着志聪的手一起走，志聪对我扮个鬼脸说："你怎么搅的？坐在最前排也听不到先生讲书？你今天差点儿要留堂了。"

"别提了！说实在的，我不喜欢国语堂，什么主题中心，什么词语解释，什么标点符号，什么文章体裁，这些东西都叫我发闷。"这是我的心里话。

"你不喜欢国语？我倒跟你相反，我觉得那是最有趣的一科，而且——你不喜欢也得啃,这是主要科,你不合格休想将来考到升中试!"

提起升中试,我就狠狠地把脚前一块石子踢得远远。志聪要拐个弯向那边走了,我说了声再见,便独自走我的路。我心里想:我实在并不是十分讨厌国语,但是提起默书就害怕,又要听默,又要背默,每次总有10~20个字不会写,每次派簿回来,张先生就把我叫到她身旁,责备我一番,督促我要好好改正,这样改正错字就写得手也酸软。我想,如果国语没有默书那一科,我大概也会喜欢国语的。

回到家里,妈妈叫我换下校服,说要带我到照相馆照相,我觉得奇怪,但妈妈催促着,我便忙着换了一套妈妈预备好的衣服——那是新年才穿的西服,还打领带,这样隆重我总觉得不寻常,到了照相馆,妈妈独个儿拍摄了半身像,接着我也拍摄了半身像。回家的途中,妈妈才对我说了一点点:

"小允,我们一家要移民到中美洲去了,你喜欢吗? 我们一家坐飞机呢! "

我听了搔搔头,心里有点儿高兴,我知道伯父住在中美洲的危地马拉,他在那边开了间商店。听妈妈说我们要移民到那里去,就是不再回来了。就问道:

"什么时候去? 那么还要上学吗?"

"现在才办理手续,大约要再等一个月,当然还要继续上学啊! "

我知道我心里想的是什么,听到了要移民,我第一个念头就是以后不用再默书了,当然,我也知道将来到了外地,还是要再上学,也还一样要默书,但是,在那边,恐怕不用再默写那些艰深的中国字了吧?

我不知道是高兴还是发愁,妈妈打电话叫人家看家里的家什杂物,那套梳化椅要卖了,那电视机要卖了,那冰箱也要卖了,我心里总有点不是味儿。

第二天回到学校,班主任张先生又叫我到教员室去,我心里想:"大约又要责备我默书不合格吧。不过,我最多让她唠叨两三次,以后,啊,以后这里什么事也和我不关痛痒了。"

果然,我看见张先生拿出我的默书簿,我低垂下头,默默地站在她身旁。她慢慢地翻开我的默书簿,第一页是30分,第二页是40分,第三页是45分,到了第四页,也是最近默书的一次,呀,我真不敢相信我的眼睛,是75分,不但合格,而且成绩居然不错。

张先生和蔼又严肃地说:"陈小允,这次我叫你来,不是责备你;你看,你的默书进步啦,今次只错了5个字,只要你上课留心听讲,回家勤恳温习,以后一定会进步更快的。你要知道,你是个堂堂正正的中国人,自己本国的文字也写不好,那不是笑话吗?小允,我看见你默书进步我真高兴,我特地送你一份小小礼物,希望你继续努力。"

张先生说完了,从抽屉里拿出一本图书,书名是:《怎样学好语文》。我接过张先生的图书，双手不禁颤抖起来。唉，我宁愿张先生像过去一样责备我，我真是个不长进的孩子，昨天听妈妈说要移民外国，居然第一个念头是高兴用不着再默写中国字了，但是，张先生对我的进步多么着急啊！

我离开教员室，看看张先生送给我的图书，不禁眼眶发热。回到课室的座位上，我翻开那本图书，第一段话映入眼帘：

"中国有悠久的历史，有优美的环境，长期地孕育着中国文化，使中国语言成为世界上最优美的语言之一。"

从来没有一本图书的内容这样震撼我的心灵，这一段话，好像有人用丰富的感情在我的耳畔诵读着。

钟声响了，第一堂是国语。以前我上这一课时总是懒洋洋提不起劲，奇怪，今天我翻开国语书，另有一番滋味，我的脑子也忽然不会胡思乱想，全神贯注着张先生授课，我为什么忽然会喜欢了国语科，觉得张先生每一句话都那么动听?这一堂好像过得特别快，一下子就是下课钟声。

这天放学回家，我一口气读完张先生送给我的图书，这本书浅显地介绍中国语文的发展，然后分述丰富的中国语文，简练的中国语文和优美的中国语文，最后还讲述学好中国语文的方法。我一下子对中国语文知道很多很多，我有点儿怪张先生，为什么不早点儿送这本书给我，让我早点儿知道中国语文的丰富和优越。我放下了书，走到爸爸跟前，问爸爸说：

"爸爸，我们将来移民到中美洲，我还有机会学习中国语文吗?"

爸爸说："我正为这件事操心。我知道那边华侨很少，没有为华侨办的学校。到了那儿，你便要学习那边的西班牙文。我担心你会渐渐忘记中国语文了。"

我听了吓了一惊。我拿起一张报纸，单是大字标题就有不少字不认识，不要说报纸的内文了。我现在念五年级，可是因为我过去不喜欢国语科，语文实在学不好，大约实际只有三四年级的中文程度。

我张皇地拿出国语书，急急温习今天教过的课文，我觉得课文内容饶有趣味，我又拿出纸，用笔反复写熟新学的生字。我想起自己顶多还有一个月学习语文的机会，心里就难过，真希望把整本国语书，一下子全学会。

我一连两次默书都得到80分，张先生每次都鼓励我；最近一次默书，我居然一个字也没有错，得到100分！那天国语课，张先生拿出我的默书簿，翻开第一页给大家看，然后又翻到最后一页，高高举起让同学们看清楚。张先生说：

"陈小允的惊人进步是我们学习的好榜样。你们看，他学期开始默书总不合格，现在却得到100分！"

有谁知道我心里绞痛！唉，语文课，在我深深喜爱上你的时候，我就要离开你了，我将要接受另一种完全不同的外语教育了，想到这里，我噙着泪。坐在我侧边的叶志聪看见，大惊说："张先生，陈小允哭啦！"

同学们都奇怪地注视着我。张先生走到我身旁，亲切地抚着我的头，说："小允，你为你的进步而哭吗？"

我抹拭着泪水，站起来，呜咽地说："张先生，我下星期要离开这里了，我们全家移民到危地马拉，我……我再没有机会学习中国语文了。"

我的泪糊着眼睛，看不见同学和张先生的反应，只知道全班忽然异样的沉寂，张先生轻抚着我的头，叫我坐下。

离开这里的日子越来越逼近了。同学们都纷纷在我的纪念册上留言，声声叮嘱不要忘记中国，不要忘记中国语文。

这天，是我最后一次上国语课了，张先生带来一扎用鸡皮纸封好的包裹，她对全体同学说：

"陈小允是最后一天和大家相叙了。我们祝福他在外地健康快乐地成长。我没有什么送给他，只送他一套由小学六年级到中学五年级的语文课本，希望他远离祖国后，还可以好好自修，不要忘记母语！"

我接过这套书，心里极度难过。下课后，同学们都围上来，有人送我一本中文字典，有人送我一本故事书。他们的热情，使我一直热泪盈眶。

别了，我亲爱的老师，我亲爱的同学；我一定不会忘记中国语文，我把我的默书簿一生一世留在身边，常常翻阅它，我会激励自己把中国语文自修好，像这本默书簿的成绩那样。

心灵体验

这篇名为《别了，语文课》，讲的却是一种爱国情结。这种情结是通过主人公陈小允对语文课的感情变化来表现的。小说选取的角度也非常新颖，全文没有只字豪情壮语，有的只是主人公对语文课的感情变化，通过语文课这个小小的天窗，使我们看到了涌动在每一个中华儿女身上的爱国之情。这种写法正是文章的特别之处，全文语言清丽，并且以情动人，收到了很好的艺术效果。

放飞思维

1.《别了，语文课》的中心思想是什么？文章表达了作者怎样一种思想感情？

2.请你用文字把小允对语文课的思想演变过程描述出来，说说影响陈小允对语文课的情感变化的究竟是什么力量。

3.谈谈你对语文课的看法。你认为当前的语文教学应当怎样进行调整才能促进语文水平的提高？你认为怎样才能学好语文课？

熄　灭

◆刘心武

> 那本里夹着的纸条化为一道更欢快更清凉的
> 小溪，熄灭着我心头的那些蓝色的、灼伤着别人也
> 灼伤着我自己的火苗儿。

一

下课铃响得太刺耳。楼道里太乱。同学们的谈笑声太嘈杂。街上行人太多。街角那个卖冰棍的老太婆太丑。楼门口停放的自行车太不整齐。楼梯太陡。我家那个单元的门漆得太绿。满单元的中药味太难闻。我那小床上铺的床单花样太俗。仰面躺下后所看见的天花板又太白。

总之，那天中午我心里头太不痛快。

妈妈匆匆地从厨房走来问我："你怎么了？不舒服吗？"

"没有没有没有！"我翻身抱住枕头，把脸使劲埋进枕头里，免得自己真的哭出声来。

"怎么，没有考好吗？"

我没有回答她。我觉得心里头火烧火燎的。我都仿佛看见心上的火舌头，那颜色不是红的而是蓝的，就像有时候做化学实验时，酒精灯上的那种火焰。

厨房煤气灶上的药罐子潽出药汤来了，发出一阵哧哧的声响。妈妈赶紧走过去看火。我趁机坐起来，掏出手绢揉了揉眼睛。

"你不及格？"

妈妈处理完了药罐，又走过来招呼我。从她的表情上看，她根本就没有这种担心。

"我得了个98分。"

妈妈听了，松了一口气，劝慰我说："哪能回回得100呢？你能始终保持90分以上的水平，明年考重点高中，那就十拿九稳了。"

我心里头的蓝火苗儿还在一个劲往上蹿，我皱皱鼻子说："什么药？恶心劲的！"

妈妈抱歉地说："大夫说这药得空腹吃，所以我先煎出来给你姥姥晾着。我这就热饭去。98分就98分吧，你别怄气了。"

偏偏这时候隔壁屋的姥姥听出是我回来了,她扬声问:"春杏回来了? 是又考了第一吗?"

妈妈也大声回答她说:"是呀,又考了第一,98 分!"

妈妈这话像尖刺般扎得我心窝疼。我跺跺脚说:"不是第一,不是不是不是!"

妈妈的一对眉毛跳了跳。她确实有点儿吃惊。自从我上初中以来,班上考数学我总是第一名,即使有几个同学也和我一样得了 100 分,但他们的卷面总没有我的整洁。教数学的章老师最了解我,我的卷子上是一点儿涂改的地方都没有的,倘若错了一点儿,我总是拿小剪子剪个纸片儿,改好了再细心地用糨糊粘上去。

"你没考第一? 谁比你考得还好哇?"

我不愿意对妈妈说出那个名字,不愿意不愿意不愿意!

妈妈有点儿手足无措。我学习上的拔尖状态,是她和爸爸的骄傲。他们的乐趣之一,就是当着来做客的亲友、同事们教训我不要"翘尾巴";一旦我的尾巴不是翘着而是耷拉下来,她就像考作文的时候遇上了一个万没想到的题目,连造句都有点困难了:"没考第一,也不要……不要灰心嘛。你可以……可以研究研究,看人家这回是怎么……怎么考第一的嘛……"

研究研究? 我还真研究不透!

二

那回考第一的是叶莲。

说实话,以往我真没把叶莲当回事儿。

叶莲上的小学比我次,基础比我差。初一的时候,叶莲的成绩也就是个中上等。初二的时候,叶莲的成绩得排到我五名以后。没想到一上这初三,叶莲的数学成绩尤其突飞猛进,跟我一块得过三次 100 分,两次 99 分。更没想到,没有多久,她竟越过我去得了 100 分,我倒反而比她少了两分!

那天下午放学以后,我到教研室找章老师去了。

章老师好像一点儿也没有看出我的心情,一见我去了,他便主动乐呵呵地说:"佟春杏,别生自己的气了。这样的小疏忽,就是数学家也难免偶尔有一回的。"

可是我却单刀直入地提出来:"我要看看叶莲的卷子。"

章老师微微有点儿吃惊。他犹豫了一下,就翻出叶莲的卷子来,在我面前铺开,一边让我看,一边说:"她现在和你一样,不光基础知识扎实,而且解题的路数很活,卷面也整齐干净。她原来比你毛糙,现在可比你还细心,所以……"

我心上的蓝火苗"嘭"地一下又蹿起老高。我仔细地一道一道检查叶莲的试卷,哼,她倒真会偷人家的高招,不光学着像我那样粘改写错的地方,还学着男生许恒之那样用红蓝两色铅笔画几何图形,把规定线和辅助线区分开来……

"你看叶莲的进步大不大?"章老师问我。

"真大!"

我嘴里这么说,尽可能保持着轻松的神态,可心里头却被蓝火苗儿烧得发紧发痛。

从教研组回到教室,值日的同学们已经打扫完教室,只有几个同学在做功课。

迈进教室,我一眼就看见了叶莲。叶莲个子比我高,所以她的座位在我后头。我原来没注意到她的座位上有什么变化,这次特别留心一看,才发现她的塑料磁铁文具盒旁边,确实搁着一个小药瓶改成的糨糊瓶。恰好夕阳照进教室,那小糨糊瓶闪着反光,烫着我的眼睛。我歪歪嘴角,哼了一声,不拿正眼看她,便走到自己的座位那儿去收拾好书包。

谁知叶莲却主动来到我身边,用一种大惊小怪和恳求的声调说:"唉呀,你这本习题集可太好啦!是打哪儿抄来的呀?这么有意思的三角函数题我还是头一回见着呢!借我回家抄一晚上,好吗?"

我一抬眼,这才发现她双手正捧着我最珍贵的硬黑封皮的手抄习题集,那是考上科技大学的小表哥送我的,里头工工整整地抄录着书店里卖的习题集里都没有的活题,每题还附有不止一种的解法。我的解题能力,有多一半是受这本习题集启发锻炼出来的呢。

"咦,我的习题集怎么在你的手里?你干吗偷偷翻我的书包?"

我一把抢过她手中的习题集来,心上的蓝火苗儿一个劲地抖动,瞪着她,越嚷声音越凶狠:"有你这样儿的吗?趁我不在,偷偷翻我的书包!你还想翻什么东西?你翻吧!翻吧!"

说着我就赌气地把书包从课桌里揪出来,摔到桌上,哗啦啦,一些没搁进书包里的书本掉到了地上。

叶莲吓得倒退了一步,她睁圆了眼睛,满脸通红,解释说:"我没翻你书包啊。是刚才扫地,搬桌子的时候,从你桌子里掉出来的,我捡起来一看,才知道是习题集……"

"捡起人家的本儿,你凭什么随便就翻?老师说过,偷看人家的日记是不道德的行为……"

"你这并不是日记啊!"

"要是呢?你先翻了,看了,这才知道是不是嘛!偷看人家的本儿,哼,偷……"

叶莲突然迈前一步,摇摇小辫儿,一点儿也不示弱地说:"你用不着生这么大的气。我翻了你的本,不对,向你道歉。可你也该想想,你这是什么态度!"说完,转身就走,我只觉得她两根又粗又黑的长辫儿,在我眼前画出了两条平行弧线,仿佛在嘲笑我心上的蓝火苗儿。

我忍不住欠身对着她的背影嚷:"我什么态度! 反正我没偷看别人的秘密! "

教室里的几个同学见我俩一吵,都过来大声劝架。我谁也不理,把自己的东西全塞到书包里,背上就回家了。

三

我们的班主任有点儿官僚主义,同学们向她反映了我跟叶莲吵架的事,她第二天就找我去谈了话,中心是教育我"不要看不起人"。她说:"你那习题集,想必全是难题。听说有的题目,光具备初中的数学知识是解不了的。你的数学已经自学到高中课程了,所以你就滋生出了一种看不起别人的思想苗头……"她以为我不借给叶莲习题集,是觉得叶莲看不懂,小看了她。我一声不吭,低着头听她讲道理。末了她还以为我接受了她的帮助呢,其实出了教研组我就想:真倒霉,浪费了这么多时间,少做多少道题!

这以后,我和叶莲处处互相躲闪着,可我俩在各门功课尤其是数学上,暗暗地进行着竞赛。又有过两次单元测验,我俩都是 100 分,所以也还难断高低。

眼看着期中考试快到了。

在这节骨眼儿上,偏偏姥姥病情加重了,住进了医院。在期中考试的前三天,医院通知,重症病人需要由家属陪住。为了让我集中精力考出好成绩,妈妈爸爸加上我舅舅,他们仨包下了这个任务,我只偶尔抽空去医院看看姥姥。

临到期中考试的前一天,我正在家趴在桌子上解一道美国中学课本里的难题,妈妈突然匆匆忙忙地回到家里,焦急地对我说:"这可怎么好,你爸出差,你舅舅今晚上要翻译出一份材料来;我有点儿感冒,护士长不让我再在那陪住,怕你姥姥感染……春杏呀,你就去医院陪住一宿吧。"

我一听脑袋就大了,摇晃着身子说:"什么呀什么呀,人家明天还考不考试呀! "

妈妈似乎从来没像那回那样求过我:"你就去一下吧,可以把这题带到医院去做嘛! "

我烦躁地说:"到了医院还能做题?一会儿接尿,一会儿喂水,一会儿得给她吸氧气,还得帮着护士看点滴……"

妈妈说:"你先去着。我这就找你表姐,求她帮个忙。"

我焦急地说："表姐要不能去怎么办？我明天怎么去考试？"

妈妈说："可姥姥的生命总比你的一次考试要紧啊。姥姥毕竟是你的姥姥呀！"

妈妈平时总是顺着我，所以我忍受不了妈妈这种带怨怒味道的语气。我强词夺理地说："护士长怕您感染姥姥，可我也跟您接触过，我去了不也得感染上姥姥吗？"

妈妈生气了，她头一回对我生那么大的气，绷着脸，硬声硬调地说："怪我自己没教育好女儿，光知道要分数，不懂得要亲人！"

我觉得妈妈不该把我看得那么坏，心里一委屈，鼻子就酸了，忍不住哭了起来，赌气地把桌上的本子一推，发誓说："好，我坏！我打今天起再不要分数了，爱得多少得多少，得零蛋就得零蛋……"

妈妈也头一回没有怜惜我，她望了我一眼，转身就走。我听见门"砰"的一声响。

四

妈妈回来的时候，我趴在桌上睡着了。妈妈摇醒了我。她见我这么拼死拼活地钻研各种难题，心里怎能一点儿也不感动？加上她找妥了我表姐去照顾姥姥，松了口气，便也不再责备我，催着我上床睡觉。我临钻被窝以前，搂着妈妈脖子说："明天我准考 100 分！考完我就请假去医院，接替表姐。"

第二天我提前半小时到了学校。因为早上跑了步，所以精神格外抖擞。我注意到，叶莲直到打预备铃才进教室。她眼圈好黑，坐到位子上以后，急急忙忙松开辫子重编，瞧那副狼狈相！她昨晚准是熬了个通宵，哪儿找来那么多练习题？难道她也得着了一本美国中学的习题集？

发卷子了，这回是全区统考，嗬，题目还真不容易！当然它是难不住我的，我可知道这些题目在什么地方埋伏着陷阱，比如说，第二题应该有四个解，而一般人总以为求出两个解便算完事……

当你对每一道题都充满信心的时候，参加考试就变成了一种快活的游戏，而充溢在心里的优胜感，就像一朵被春风吹开了的花儿。

教室里静悄悄，一只马蜂在不住地撞击窗玻璃，那嗡嗡嘤嘤的声音更衬托出了室内的寂静。忽然，"咣啷"一声响，吓了大伙一跳。我也不由得朝发出响声的地方望去，啊，原来是叶莲的小糨糊瓶掉到地上了。哈，她慌张了！一瞥之中，我只见她咬住下唇，额头上现出几道细细的皱纹……

考完试，我赶到医院去看姥姥。我急急忙忙走进病房。表姐见我来了，站起来向我笑了笑。我掀开姥姥的被子看看，褥子是干的，便盆也安放得很妥帖。看看点滴,滴得也正常。

表姐小声告诉我:"夜里,姥姥折腾得挺厉害,我一个人忙不过来,多亏有个跟你差不多大的姑娘,人家本来是瞧走廊那头快出院的舅舅,看我忙不过来,便主动地留在这儿,帮了一夜的忙,天亮才走……"

我正要打听那好心的姑娘是谁,忽然,床头柜上一个蔚蓝色的硬皮本儿,闯入了我眼帘。我知道那样的硬皮本儿一般人是没有的,在我们班上,只有叶莲有。她一共有5本呢,那是她爸爸到罗马尼亚访问时,带给她的……难道,昨晚帮助表姐照顾姥姥,使姥姥脱离危险的,竟会是叶莲?

我几步迈到床头柜前,拿起那个本儿,掀开硬挺的封面,只见扉页上写着:"解几何题的加辅助线技巧"……啊!这正是小表哥曾经对我讲过,而又一直没能给我找来的一份资料!准是叶莲昨晚带在身边准备参考,因为临时在这里照顾我姥姥,离开时遗落的。我多么想立即掀开看上哪怕三两例啊!可是,那回叶莲拾到我的习题集,我如何抢白她的场面又闪现出来。既然不许别人偷看我的本子,我也得管住自己,不再往下翻看!

表姐回家休息去了,我独自一人坐在姥姥的病床边,尽量管住自己不去看那床头柜上的蓝皮本,可我心里却又总浮着一片蔚蓝色……

五

第二天一到学校,几个同学就抢着告诉我:"唉呀,佟春杏,你最后一道题让章老师给扣了1分!""这回得第一的是叶莲,硬碰硬的100分!"我一听,心里的蓝火苗就又"砰"地燃了起来。我赶紧跑到教研室去找章老师。章老师不在,可待发的考卷摆在他的桌上,头一张就是我的。一看,我就后悔得恨不能打自己几下——我在答最后一道题时,出现了一个笔误!

我也不知道自己是怎么回到教室的,只觉得仿佛大伙儿都在议论我。正当我打算坐到位置上冷静一下时,叶莲忽然出现在我的眼前,她的眼里满蓄着真诚与善意,那眼光好像一条溪水,浇在了我心中的火苗上。我想起了前天晚上她照顾我姥姥的情景,打算说句道谢的话,却又说不出来。我立刻弯腰从书包里掏出了她那个蓝皮本,递给她说:"你的。我没有翻看……"叶莲没有接她的本子,只是问:"你姥姥怎么样?没有反复吗?"

我这才说出道谢的话来:"多亏你帮忙,我妈妈跟我都谢谢你……姥姥已经度过危险期了……"说完这些话,就又把那蓝皮本往她手里塞,可让她给推回来了。

"我这是专门为你抄的呀。早想给你,可老怕你不理我……前天我本来不知道那是你姥姥，后来知道了，我才特意留在那儿的……"叶莲惊异地望着我，问，"难道你没看见这里头夹着的纸条？"

我这才翻开本儿，立刻就找到了，只见纸条上写着：

> 春杏同学：我们把两个人的资料合起来利用，不是都可以变得更聪明些吗？我觉得，生活中有比分数更重要的东西，你说呢？真希望你收下这个本子。
>
> > 盼望成为你朋友的叶莲

看完纸条，我愣住了。我不知自己该怎么办。或者说我的心告诉了我应该怎么办，可我那傲气惯了的嘴一时却不愿张开。

幸好这时上课铃响了，叶莲冲我点点头，回到了她的座位。同学们也都各就各位，我也本能地坐下了，手里还紧紧地握着那个蓝皮本。那本里夹着的纸条化为一道更欢快更清凉的小溪，熄灭着我心头的那些蓝色的、灼伤着别人也灼伤着我自己的火苗儿。

是的，生活中不光有比分数更重要的东西，还有比得第一名、比考进好学校更重要的东西。我们的心上会燃起各种各样的火苗，有的，应当让它熊熊燃烧；有的，却应当让它尽早熄灭！

放学了，我头一个冲出教室。我暂时还不能对叶莲讲点什么。我要赶快回到家里，把我珍藏的习题集也抄录一份，等我明天把那本子送给她时，我也会在里面夹上一张纸条。我该在那纸条上写点儿什么呢？

放学的铃响得很悦耳。楼道里充满欢笑。同学们看上去都那么可亲可爱。街上的行人都很有礼貌。街角那个卖冰棍的老太婆真有趣。楼门口停放的新自行车真漂亮。楼梯真干净。我家那个单元的门漆得像一架美丽的绿色屏风。满单元的烤馒头味真好闻。我那小床上铺的床单花纹真美。仰面躺下后所看见的天花板被阳光照得真叫明亮。

妈妈匆匆地从厨房走过来问我："你又怎么了？ 不舒服吗？ "

我大声地回答她说："我心里头特舒服，真的，妈妈！ "

心灵体验　　《熄灭》是一篇蕴着真情的文章，读来感人至深，语言畅达自然，风格明快，堪称一首"从战争到和平的友谊曲"。文章成功地塑造了两个丰富生动的人物形象，特别是心理描写，增强了小说的可读性。

放飞思维

1.你有过与对手从竞争、对抗到和好的经历吗?如有,试写一篇文章来记叙它吧。

2.谈谈你对友谊的理解与看法。

美英的一种感觉

◆秦德龙

美英每次都微笑着和刘老师说话。但她的心池已经不能激荡起一丝涟漪了。

美英的心里升起了一种很美的感觉。这种感觉,既像一枚暖暖的红太阳,又像一枚亲亲的绿月亮。

美英已经开始写日记了,每天一则,把心曲抒发成潺潺流淌的清泉。

完全是因为美英喜欢上了语文课。美英真的好喜欢听刘老师讲课呢,一听见刘老师好优美的北京口音,美英心里的花朵就热烈地开放了。

当然,同学们都喜欢听刘老师讲课,刘老师每� 一瓢水,都能把大家浇灌成幸福的花朵。

刘老师真优秀啊,古今中外,没有他开不了锁的。刘老师像一把光芒万丈的金钥匙,迷倒了一大片青春少年。

刘老师讲课的风度是很有派头的,或声情并茂,或娓娓道来,每讲到情感喧腾处,就用粉笔在黑板上疾书,龙飞凤舞一般。白粉笔、绿粉笔、黄粉笔、红粉笔,笔迹一层层往上压,一堂课下来,一面黑板让他染得色彩缤纷。

刘老师从来不擦黑板。

美英也很想去擦黑板。但是她不能够。因为她是个袖珍型女孩,缺少身材优势。美英就在日记里记观看擦黑板的感想,一种观赏五谷丰登般的很美妙的感想。

终于有一天,美英听见一个擦黑板的男同学说:"压色王,刘老师真是一个压色王!"同学们当场爆发大笑,大家都想到了"压色王"是"亚瑟王"的谐音,而亚瑟王是中世纪传奇故事的不列颠国王。这个玩笑也许开得过于热闹了,美英一下子觉得心情沉重起来。

刘老师全然不知自己荣获了"压色王"的雅号,仍然龙飞凤舞般在黑板上抒发豪情,将彩色粉笔书写了一层又一层。这个味道十足的"压色王",真的有英国骑士团首领亚瑟王的风度呢。"压色王"一叫就响了,红遍了校园。

美英的脸蛋已开始为刘老师发烧。

美英将这两天的日记撕了又写,写了又撕。

美英决定给刘老师发一个信息。美英就写了一个简短的字条,夹在语文作业本里。美英在这个字条上,希望刘老师注意了,不要当"压色王"。

美英播种了一个很诚实的希望。

刘老师收到美英的信息,第二天就有了表现。刘老师认真地擦黑板了,写一批字就擦一次黑板,再也不当"压色王"了。

刘老师甚至对着美英微笑。

美英却觉得刘老师的笑容有另一番味道。因为她已经感到刘老师的课堂风格变了,刘老师减少了些许幽默,减少了些许创造。刘老师讲课再不是从前那样信马由缰了,刘老师开始循规蹈矩地讲中心思想,讲句子成分。

美英渐渐地觉得语文课没有味道了。

还是那个给刘老师发明"压色王"的同学,有一次课后大声质问道:"是谁打小报告了,怎么压色王不压色了!"

这时候美英才觉得自己真蠢。

刘老师每次见到美英都很客气,总是鼓励美英好好学习,一定要考上大学。

美英每次都微笑着和刘老师说话。但她的心池已经不能激荡起一丝涟漪了。美英已经很长时间不写日记了。

美英后来报考了北京的一所大学,也就是刘老师毕业的那所大学。美英惊奇地发现,这所大学的老师中,有许多"压色王"。

美英又开始写日记了。

心灵体验

本文以美英的感觉为线索,讲述了刘老师教学风格的变化:刚开始老师讲课信马由缰,美英喜欢听,同学们都喜欢听;后来讲课循规蹈矩,激不起美英一丝涟漪。后来美英自己也报考了刘老师毕业的那所大学,重新点燃了她的写作激情。

放飞思维

1.文中描写老师讲课风度时,精选了四个饱蘸感情的词语,摘抄并识记。

2."美英已经很长时间不写日记了。"那是什么原因呢?

3."美英又开始写日记了。"那么,美英在她的日记里将会写些什么呢?

沉 默 是 金

◆秦文君

> 他一如既往,缄口为贵,没有向任何人透露一
> 点儿风声;因为那消息若是传到冷月耳里,准是杀
> 伤力很大的一把利刃。

他念初三,隔着窄窄的过道,同排坐着一个女生。她的名字非常特别,叫冷月。冷月是个任性的女孩,白衣素裙,下巴抬得高高的,有点儿拒人千里。冷月轻易不同人交往,有一次他将书包甩上肩时动作过大了,把她漂亮的铅笔盒打落在地,她拧起眉毛望着不知所措的他,但终于抿着嘴没说一句不中听的话。

他对她的沉默心存感激。

不久,冷月住院了,据说她患的肺炎。男生看着过道那边的空座位上的纸屑,便悄悄地捡去扔了。

男生的父亲是肿瘤医院的主治医生,有一天回来就问儿子认识不认识一个冷月的女孩,还说她得了不治之症,连手术都无法做了,惟有等待,等待那最可怕的结局。

以后,男生每天都把冷月的空座位擦拭一遍,但他没对任何人透露这件事。

三个月后,冷月来上学了,仍是白衣素裙,只是脸色苍白。班里没有人知道真相,连冷月本人也以为诊断书上仅仅写着肺炎。她患的是绝症,而她又是忧郁脆弱的女孩,她的父母把她送回学校,是为了让她安然度过最后的日子。

男生变了,他常常主动与冷月说话,在她脸色格外苍白时为她倒来热水;在她偶尔哼一支歌时为她热烈鼓掌;还有一次,听说她生日,他买来贺卡动员全班同学在卡上签名。

大家议论纷纷,相互挤眉弄眼说他是冷月的忠实的骑士,冷月得知后躲着他。可他一如既往,缄口为贵,没有向任何人透露一点儿风声;因为那消息若是传到冷月耳里,准是杀伤力很大的一把利刃。

这期间,冷月高烧过几次,忽而住院,忽而来学校,但她的座位始终被擦拭得一尘不染,大家渐渐已习惯了他对冷月异乎寻常的关切以及温情。

直到有一天,奇迹发生了。冷月体内的癌细胞突然找不到了,医生给她新开了痊愈的诊断,说是高烧在非常偶然的情况下会杀伤癌细胞,这种概率也许是十万分之一,纯属奇迹。这时,冷月才知道发生的一切,才知道邻桌的他竟是她的主治

医生的儿子。

冷月给男生写了一张条子,只有六个字:谢谢你的沉默。男生没有回条子,他想起以前那件小事上她的沉默……

心灵体验

本文写的是男生对冷月病情的沉默,对病中的冷月无微不至的关怀,表达了同学间互相宽容、互相信任、互相关爱的真情。

放飞思维

1. 指出本文的高潮部分。

2. 说说你对文中人物"沉默"的理解。

3. 读了本文,你认为同学间应如何相处?

走不出童话的美丽

◆佚 名

的确,我渴望成功,但我不想用任何技巧和手段去获得成功。再后来,我选择了教师这一职业,我想这与我那次刻骨铭心的家教有关。

上大一时,我看中一套定价 88 元的《走上成功之路》丛书,书中选取了 100 篇文章,从方方面面介绍了在竞争中立于不败之地的技巧经验,令渴望成功的我为之着迷。直到店主以一种怪怪的眼神看我时,我才想起囊中羞涩。

实在不忍心再给常年劳苦的父母增加负担,我就瞒着老师和家庭,请同学帮忙找了份家教,做起了一个名叫徐强的小学三年级学生的家庭教师,周六下午上两小时课,每次 10 元钱。

我初步了解了徐强的家庭情况,为的是做到知己知彼。这是一个刚从农村搬来的三口之家,父母都是普通工人。通过接触,我发现孩子很聪明,因转学落下了功课。那时的我是羞于谈及钱的。多年的学校生活又教会我无功受禄寝食不安。所以当时我信心十足地保证:"如果两个月后的期末考试中,徐强有一门功课在 80 分以下,我分文不取!"

事后同学埋怨我说你懂不懂付出与回报,懂不懂人情世态。我笑着说知道啊,本来很简单的。从此我背负着双重学习任务,费尽周折偷出了妈妈的教科书,尽心尽力地做起老师来,尽管我只有一个学生。

每次上课时我都要到书店看几眼,老板说你放心吧我帮你留着。到了小强家总有杯香香的茶等着我,看着他求知的眼睛和简陋的家,我决定这学期只象征性地收 60 元钱,加上平日的节余也就够了。并且我的上课时间每次远远超过两个小时,否则我仍会很不安。

那天寒风卷起漫天尘土,但坏天气丝毫没有影响我的好心情。今天徐强去学校拿成绩单,我可以买到梦寐以求的书了!

和往常一样,我刚走到他家门口,他的母亲就迎了上来,不过笑得很不自然,我也没太在意。进屋后她又忙着倒茶,我坐在椅子上,随手翻着桌子上的几张卷子:"95 分,91 分。"我相当满意,"语文,65 分!"

这不可能! 语文是他的强项,我揉了揉眼睛,却发现这是事实。我脑中一片空白,直到我看到作文纸上是一片空白时,我似乎明白了。

"老师,真不好意思,不过……"他母亲面有难色。

我无法继续欺骗自己,当时真想把徐强揪出来问个清楚,为自己讨回公道。但看着他母亲满脸羞惭,看着她已家徒四壁,我吼不出来。最后我强忍泪水,冷冷地说:"对不起,我履行诺言,但我对得起自己的良心。"

我逃离了这个我付出真诚与汗水的地方。望着灰蒙蒙的天,望着这举目浑浊的一片,羞辱、气愤、失望、悲哀一起涌上心头,我实在找不出理由来安慰自己,也不知道该到什么地方去。

一路上孤单地走着,我想也许同学是对的。我不该把世界看得一片简单,我实在对世界审视不清。如果事情到此结束,我想我这次是失败了。但接下来的故事却改变了、也坚定了我对前路的执著。

"老师。"身后响起了一个怯怯的童音。

我知道是谁,但我没有回头,却又不由自主地停下了脚步。

没有声音了。他走了吗? 我缓缓转过身,不远处一个小"土人"映入我的眼帘,一双曾经熟悉的泪眼怯怯地看着我。我实在不忍心走到他面前,轻轻地说:"回家吧!"

他"哇"的一声哭了出来:"老师,我爸生病住院了,妈实在没办法才让我这么做的,我,我……"

我止住了他要说的话。我知道小强的作文是最出色的。

他似乎想起了什么,举起手中的"瓷兔子"摔在地上,大大小小的硬币滚了一地。

"老师,我还你。以后我一定还你,好不好?好不好?"

此时我再也忍不住泪水,只想对他的母亲说:"看看你的孩子,你这又是何苦?世上有比钱更重要的东西,你知道吗?"

我蹲下身,用手绢擦他的泪水,勉强让自己笑了一下。我不想让母亲的地位在儿子心中坍塌,于是,我对小强说:"小强,你妈妈其实早已把钱给我了,她这样做老师早就知道。我们是为了考验你,也让你记住:做人要诚实!"然后,我把地上的硬币一枚一枚捡了起来,放回他的衣袋,目送他走上回家的路。

我没有把这件事告诉任何人。我装着什么也不知道,仍然做了小强的老师。后来,小强功课得了班上第一,他母亲给了我300元钱,说了好多感激的话,我收下了我应得的,只告诉她一句话:"人心不可欺,童心更不可欺!"

有钱了,我却再也不想买那套书了。的确,我渴望成功,但我不想用任何技巧和手段去获得成功。再后来,我选择了教师这一职业,我想这与我那次刻骨铭心的家教有关。

曾经把这件事讲给自己最敬重的老师听,他极为平静地说:"你还相信生活中的童话?"

我笑了:"老师,您不是一直在努力实践着童话吗?"

与谎话相比,我永远相信童话。

心灵体验　　　作者为了买《走上成功之路》这本书去做家教。通过自己做家教的经历后,却不想再买那本书,再后来使自己选择了教师这一职业。是的,每个人都渴望成功,但不能用手段和技巧去获得成功,我永远相信童话美丽的一面。

放飞思维　　1.文中两个主要人物是谁?主要运用的描写方法是什么?

2.徐强是一个什么样的孩子?对徐强这一人物品质的揭示作者运用的主要写作手法是什么?

3.文章标题的含义是什么?

六月的红裙子

◆ 张 雁

于云舞步娴熟,舞姿优美,鲜红色的裙裾旋转着,铺开一个圆面,如同一阵红色的旋风征服了所有观众的心。大家深深惊叹着这个素不起眼的女孩所表现出的非凡魅力。

晚自习开始了,刚参加完师哥师姐们的高考誓师大会的高二(3)班此刻一片静穆,像被注入了无穷的力量一般,大家都在埋头苦读。

门被轻轻地推开,班主任马老师走进教室,说:"6月末著名艺术家周幼盈女士要回母校访问,学校决定抽选20名同学培训半个月,进行交谊舞表演,有兴趣的同学到我这儿报名。"

如同一记重拳打在一堆棉花上,同学们对马老师的话毫无反应。

然而对于此刻坐在教室中的于云同学而言,却如同一块巨石投入了她原本平静无澜的心湖,她觉得心里有什么东西在膨胀,逐渐充满了整个心房。

在别人眼里,她平凡得不能再平凡了,成绩平平,相貌平平,服饰平平。学校偶尔会发一张课余时间调查表,她总是在"课余爱好"一栏里写"无",其实,没有人知道,她非常喜欢——跳舞!

然而今天,她那渴望辉煌的心情是如此迫切!

下午,一条爆炸性的新闻传遍了高二(3)班:于云报名参加交谊舞培训班了!

半个月的培训开始了。于云在舞蹈方面的天分很快就表现出来,指导老师指定她和男生中的一个佼佼者搭档,充当表演队中的领舞。

同学们仿佛突然发现了她的存在,这才觉出以前那个沉默寡言、平凡呆板的女孩原来如此不凡和充满活力。而于云也惊喜地发现自己已成为焦点,受到从未有过的瞩目与重视。她快乐地想,原来自己也可以出类拔萃啊!兴奋、新鲜、激动充盈着她的内心,每一天,她都能感到一种从未有过的情绪在心底生长,很久以后,她才弄明白那是什么——是自信。

盼望已久的这一天终于到来了。学校里热闹非凡,一队队手持鲜花的学生整齐地分列在校门两侧,准备迎接周幼盈女士的到来。

校报告大厅的后台里,领队张老师正在给于云上妆,反复叮嘱她表演的注意事项。于云仔细地听着,全身因为激动不安而微微颤抖。上好妆,于云站起来,向镜中望去，她简直有些晕眩了。天哪，那个活泼美丽、光彩照人的女孩是自己吗？就在这时，李校长推门进来了，他懊恼地一挥手，说："演出取消了！周女士被临时通知去北京参加一个重要活动……"

于云顿时像被打了一闷棍，耳朵嗡嗡直响，校长的话她没再听清，一直到张老师无可奈何地宣布"解散"时，她才清醒过来。猛地，她疾步走到张老师面前，低声而坚定地说："老师，虽然客人不来，我也想为大家表演一次！"她并不等老师有所表示，就转过身看着她的男舞伴。

男孩立即会意地走过来牵住了于云的手。

于云舞步娴熟，舞姿优美，鲜红色的裙裾旋转着，铺开一个圆面，如同一阵红色的旋风征服了所有观众的心。大家深深惊叹着这个素不起眼的女孩所表现出的非凡魅力。

一年以后，于云成为校园里新崛起的一匹黑马。也就在这年夏天，她步入了南方一所著名的高等学府。

心灵体验

平时沉默寡言、平凡呆板的一个女孩，在参加交谊舞培训后变得充满活力，神采飞扬，在众人面前充分展示了自己的才华，同时也找回了她的自信；所以后来也就找回了成功。

放飞思维

1. 参加交谊舞培训班后，于云发生了哪些变化？

2. 从文中找出正面描写于云优美舞姿的句子，由此，你可以看出什么？

3. 为什么一切平平的于云一年以后竟然成为校园里的一匹黑马，并且还步入了南方一所著名的高等学府？

考　　试

◆张之路

　　他看见那盼望已久的东西，一切都变得那样简单那样透明，像白开水一样无色无味。一瞬间，宿小羽忽然感到一种茫然的情绪袭上了心头，他发现他的追求变得毫无意义了。他那梦寐以求的东西变得一钱不值了。

　　一场对宿小羽来说十分重要的考试来临了。这次考试的前三名将参加全市的中学生物理竞赛。宿小羽发了狠，他早晨5点起床，拼命地做习题，他许威武不是说，这次题难得很吗？不是说及格就不错吗？及格算什么！我要拿100分给你看看！

　　临近傍晚时分，宿小羽吃完饭，从家里走出来，在大街上闲逛，这时，有人轻轻地碰了一下他的肩膀。那是另一个班的同学。

　　"听说，明天物理考试卷子就在二楼办公室里。"

　　"走！上学校去！"

　　"管他呢！"

　　"不去看看吗？"

　　宿小羽心中一动，一种奇怪的念头从宿小羽的脚跟开始升上了他的全身和大脑。强烈的虚荣和好胜心在他的心中燃烧起来，他突然产生了一种想看看卷子的愿望。

　　半个小时之后，宿小羽一个人来到教学楼的门前，看门的老头正在听收音机，好像是南腔北调大汇唱。

　　宿小羽悄悄溜进门去，来到了二楼办公室。

　　抽屉终于拉开了，里面空荡荡，只有一袋开了口的烟丝和一只废弃不用的烟斗。宿小羽后悔了，他飞快地关上抽屉。有一种终止犯罪的感觉。就在这时，慌乱中，他碰倒了一把椅子。当他扶起椅子时，楼道里传来急促的脚步声。他听见传达室的老孙头正在高喊："谁？谁在上面？"宿小羽夺门而出。传达室的老孙头已经跑步踏上了楼梯。他的左手拿着手电筒，右手是一只临时抄起的火筷子，宿小羽拼命朝着那段防火用的铁梯跑去。忽然，男厕所旁边的那扇小门开了，一个瘦小的影子走了出来，宿小羽惊呆了，那是许威武！

　　宿小羽的脑子里出现了一片空白。

楼梯上传来了伴着气喘吁吁的老孙头的脚步声。

"是宿小羽吧？"许威武开口了。

"是我,许老师！"

"是来找我的吗？"

"……"

老孙头从楼梯上蹿了上来："许老师,抓住他！"

宿小羽闭上眼睛,他不愿意想以后发生的事情。

许威武说："是我找他来的！"

宿小羽慢慢地走进那间小屋,木然地坐在椅子上,他准备心悦诚服地接受许威武的询问和任何狂暴的训斥。他准备说实话,不说,他觉得对不起刚才许威武的搭救之恩。

许威武没有说话,他用自制的卷烟机开始卷烟。他把一支卷好的烟拿在手里,反复地修饰,又放进卷烟机。揉呀！揉呀！宿小羽忍不住了："老师,我回去了……"

"不忙,你还没看明天的试卷呢！"许威武站起身从床上拿起一张试卷,递给宿小羽。

这一瞬间,宿小羽对许威武的感激和好感顿时消失了。他想把卷子撕了,他想把门一摔就跑出去。但,这都不能表达他愤怒的心情。宿小羽像接受挑战一样接过了试卷。他发现在许威武的眼睛里燃起了两点儿灼人的小火苗。

那是一张铅印的、细长的、油光纸的试卷,一共两张。

许威武手中的烟点燃了,随着缕缕的青烟,小屋里弥漫着一股浓郁的香气。

宿小羽咬着牙,也看清了,他看见那盼望已久的东西,一切都变得那样简单那样透明,像白开水一样无色无味。一瞬间,宿小羽忽然感到一种茫然的情绪袭上了心头,他发现他的追求变得毫无意义了。他那梦寐以求的东西变得一钱不值了。

他惶惑地抬起头,这会儿他突然发现许威武眼中的火苗变了,变得是如此的温暖与和蔼,是如此的慈祥与庄严。宿小羽心中产生一种异样的感觉,他觉得心底突然变得辽阔起来。开阔得可以容下大海。

许威武眼中的火苗消失了,他的脚下堆满了烟头。

"看完了吗?"许威武说。

"看完了！"

"记住了吗?"

"记住了！"

第二天,当许威武收上卷来的时候,发现了一张一字没写的白卷。自然,那是宿小羽的。许威武郑重地在分数栏里填写了"0"分。

炎热的夏天来了,毕业考试结束了。宿小羽六门功课全都得了100分,这是建校以来的奇闻。

当高考报名闹得学校沸沸扬扬的时候，宿小羽的班主任急匆匆地找到许威武："真是太可惜了，宿小羽居然不报考大学，到一个书画社学什么艺术篆刻去了……真是太可惜了……"

许威武点起了一支烟，深深地吸了一口，慢慢地说："也不见得……"

心灵体验　　人的一生，从小到大，要经历无数次的考试，在灵与肉、心与火、真与伪的面前，你会做出怎样的抉择呢？

放飞思维　　1.文中的宿小羽既然把试卷全看完了，为什么考试时一个字也不写交白卷呢？如果是你，你会怎样做呢？

2.文中的许老师是怎样一个人？如果是你的老师你喜欢他吗？

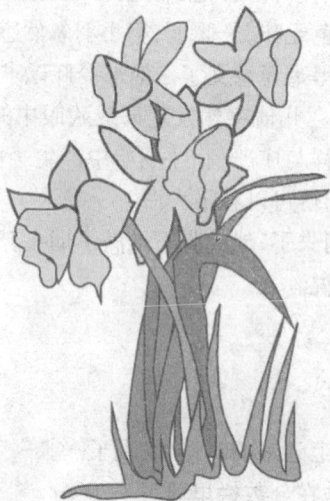